古坑歷史與產業

巫銘昌——主編

五南圖書出版公司 印行

推薦序 1

古坑是我從小生長的故鄉，對於這塊鄉土的故事，我始終聽不厭也說不倦，更樂於與大家分享，因為安居宜遊的翠綠山城——古坑，有豐富的歷史文化以及產業特色，這是古坑人的福氣，更是一種驕傲。而《古坑歷史與產業》一書的出版，對於鄉內的子民或是外地的訪客，都能從字裡行間看到古坑的古今風貌以及產業特色，透過走讀古坑，了解這片鄉土迷人之處，更能心生嚮往、到此遊覽，甚至向更多人宣傳古坑的美好，激發到古坑發展及服務之情懷。

翻讀本書之時，意玲看到了歷史人文篇中大坪頂遺址的介紹，一窺史前生活的面貌，也思索了我們後人在建設開發時，要如何與先人文化資產共存的議題，再看到鐵國山抗日、二二八反抗軍在樟湖的血戰以及 520 農民運動，這些無法抹滅的歷史事件，不論結果如何、功過為何，都是古坑可歌可泣的過往，更讓人感佩古坑人在捍衛尊嚴、生存的過程中，令人崇敬的決心與意志。再看到產業達人篇，從芭樂達人李明憲先生、竹藝匠師郭守發先生、手工造紙達人林舜珍先生、昆蟲達人李契螢先生到咖啡達人劉易騰先生等 11 位受訪達人，他們堅持信念、追求完美的精神，

意玲更與有榮焉，古坑的產業有無限可能，同時也急迫地想讓這些產業傳承下去，誰說年輕人返鄉是迫於無奈，古坑在地優質產業才是發揮活力、大顯身手的好地方。

最後，意玲要特別感謝雲林科技大學人文與科學學院院長巫銘昌先生與通識中心主任林崇熙先生，以及科技法律所碩士生王政中同學、文化資產維護系助理教授王新衡先生、漢學應用所助理教授張美娟女士、漢學應用所碩士生陳裕杰及陳俊霖同學，《古坑歷史與產業》讓古坑的故事有了角色、對話、場景及舞台，意玲在此眞心推薦，願讀著本書的各位讀者們，一同看見古坑、認識古坑、喜愛古坑。

黃意玲 謹記
雲林縣古坑鄉鄉長
106 年 8 月 16 日

推薦序2

雲林縣是個歷史悠長而又物產豐隆的臺灣鄉土，絕大部分的縣域處於臺灣西部的嘉南平原上，早年即為先人最早接觸和移民拓墾的土地。

我們從下面這首〈笨港懷古〉便可清晰地看見，雲林北港作為第一個躍上歷史舞台和先賢先民互動的昔日光景：「當年顏鄭此披榛，海市繁華跡已陳。宮自朝天疑鳳闕，潮猶捲地接鯤身。采風有客尋碑碣，旌義何人荐藻蘋。糖菽名鄉今樂土，絃歌十里起汾津。」再者還有「一府二笨」的古老俗諺。這些都足以象徵著臺灣近代百餘年以來的開發歷程和故事。古坑鄉位處雲林的東南隅，為目前縣域中最大面積的行政區域，在發展與變遷的脈絡中自是扮演了相當舉足輕重的角色，其特殊的存在與個性更是彰顯了古坑在整個雲林，社會經濟活動的開展上所乘載的歷史與時代意義。

這塊土地上有著先民歷經險阻、涉險犯難而不畏艱險地打拚、開拓，進而成就的豐富文化遺產和人文風采。堅毅、誠樸的性格與精神亦恆久地伴隨著這塊土地而傳衍至今，這些陳跡縱使物換星移之後仍鮮明地烙印在古坑的斯土斯民上。然先民除了戮力奮鬥建設家園外，亦曾有過浴血奮戰而保衛桑梓的過往與過程。在生存的歷史過程中，先民們曾經對於當時的統治政權表達

過不滿與抵抗，且不論功過爲何，就背景和結果而言都是先民們爲了安身立命而起身捍衛自我與鄉土的一段可歌可泣的血淚歷史。這些一步一腳印、胼手胝足開闢出來的事跡都孕育出雲林人的剛毅性格和情感！

古坑的百工百業、人文活動、信仰風俗，凡此種種共同建築了歸屬在地空間的共通記憶。希望藉由這本書的撰寫、發行，讓我們這一代連接著上一代和上幾代祖先們的歷史情感，亦盼能繼續傳承先賢先聖留下的歷史文化與人文價值。經由閱讀，期許大家可更深一層地理解到曾經在古坑土地上，先民的偉大與溫馨和愛。企盼繼續發揚親愛精誠、團結一致的精神和美德持續關照鄉土、愛護家園。

最後，古坑鄉全體上下正在瞬息萬化的社會新潮中力求蛻變，而鄉長和她的施政夥伴也竭盡全能，務求翻轉古坑並使之攀向另一嶄新的境界與巔峰。古坑的成長與改變，已指日可待。我們深深敬佩，也深深祝福！

巫銘昌 謹識

國立雲林科技大學人文與科學學院院長

2017 年 8 月 15 日

目錄

CONTENTS

第二篇　產業達人篇　089

第一篇

歷史人文篇

王政中 撰稿

1　古坑歷史導論

臺灣歷史四百年，這是一個常聽到的說法，卻也是一種誤解。其實早在數萬年前，臺灣就已經有文明的存在，只是眞正進入與世界接軌的時間，比起其他國家要晚上許多。直到十七世紀的大航海時代，這座福爾摩沙島的價值才開始被人發現。葡萄牙人、中國人、荷蘭人、日本人、西班牙人等，此時都開始注意到這座物產豐饒的島嶼，隨著殖民主義的興起，相繼覬覦這塊島嶼的資源以及極佳的地理位置。自此，外來政權統治臺灣，成了福爾摩沙揮之不去的輪迴與宿命，舉凡西班牙與荷蘭、清帝國、日本到中華民國，都是以外來政權的身分，爲臺灣帶來程度不一的影響，而這些影響至今仍留存在臺灣各縣市和各個鄉鎮中。

雲林縣，這個名稱來自於清帝國時期，連橫在其著作《臺灣通史》中提到，「雲林縣始於建省之時，則爲撫墾之計爾，先是光緒十三年，劃嘉義以北之地，經營新邑，擇治於林圯埔之雲林坪。故爲雲林縣。」所以，其實當時雲林縣的地理位置是在現今的南投縣，後來巡撫邵友濂才將其移到現今的斗六市。日治時期則屬臺南州的斗六廳，直到戰後才再被稱爲雲林縣。

古坑鄉，舊名爲庵古坑，文獻對其的記載最早出現於《雲林縣採訪冊》，隸屬在他里霧堡。雖然在官方記載中出現較晚，但現今的古坑地區，早在鄭成功擊敗荷蘭人後，就開始有漢人拓墾的蹤跡。在古坑鄉的歷史發展過程中，最讓人印象深刻的是其鮮明的反抗意識，這反映在面臨政權交換或是轉型時期時，古坑鄉都有大規模的反抗行動出現。本篇選取三件發生於古坑鄉的反抗活動，包含鐵國山抗日、二二八反抗軍、農民運動等事件，藉由回顧這三起歷史事件的前因後果，觀察古坑鄉在其中所扮演的角色。

除了反抗事件之外，古坑地區存有數千年以前的大坪頂遺址，也有流傳在鄉野耆老之間的傳說故事，散落於古坑鄉各處的玄天上帝廟，更有一座隱藏於深山中的兵工紀念碑。除了這些被人遺忘的景點和故事，平常我們到了古坑，第一個想到的景點就是華山，但在山腳底下，還有許多純樸的村落景點等著我們去探訪；而在華山上，也有隱藏的祕境等待著有心人的光臨。

古坑，是個樸實但堅毅的鄉鎮，咖啡、柳丁、螢火蟲、劍湖山等，都是我們對古坑既有的印象。本章節試圖跳脫侷限的框架，引領讀者們了解古坑更深入且不爲人知的一面。

2 大坪頂遺址

考古遺址的挖掘很多時候都是在無意中發現的，特別是在進行工程的時候，常常會發生這種情況。近期最著名的案例，就是在進行蘇花改建工程時所發現的漢本遺址，更引發了遺址保留與工程進行之間的衝突。

同樣的情形也發生在古坑鄉，在經濟部水利署中區水資源局進行湖山水庫工程規劃執行環境影響評估時，於文化資產調查時發現了大坪頂遺址。該遺址具有完整的文化層，屬於臺灣保存較爲良好的遺址。

在認識大坪頂遺址前，首先要對臺灣史前文化有基本的認識。

臺灣史前文化

有關於臺灣考古遺址的挖掘，早在日治時期就有學者進行考察與挖掘，其成果伴隨戰後中央研究院的考古研究團隊的努力，一直延續至今日。除了臺灣本島之外，考古研究團隊在澎湖、蘭嶼、綠島、小琉球和金門馬祖等離島地區，都挖掘到不少重要的考古遺址。

在過去的教科書上，我們所學習到臺灣最早出現的人類是臺南的左鎮人，但這項說法已經藉由碳十四定年的測定後，發現左鎮人的活動時期距今僅約三千年。所以，距今三萬年的長濱文化是目前臺灣最早的考古遺址，也打破了過去教科書上所傳遞的概念。此時期人們的生活方式主要是狩獵與採集，同時已知用火，並且使用打製石器，這樣的生活型態除了位在東部的長濱文化，西部同時也存在類似的網型文化，並且持續到距今大約五千年左右，我們稱這個時期爲舊石器時代。

在距今約五千年前，臺灣與中國的華南沿海地區出現接近相同的生活型態，除了慢慢有耕作根莖類作物的農業行爲，也開始出現陶器以及磨製的石器，被統稱爲大坌坑文化，視爲新石器時代早期。到了四千多年前，臺灣各地開始從大坌坑文化慢慢形成不同的文化，例如北部的圓山文化、中部的牛稠子文化、南部的墾丁文化等，此時的農業型態已經十分發達，在社會上佔有重要的地位，被稱爲是新石器時代中期。到了大約三千五百年前，全臺灣不同型態的文化也越趨增加，包括營埔文化、大湖文化、鳳鼻頭文化和卑南文化等，此時期的陶器工藝已經越來越精美，甚至出現價值更高昂的玉器，成爲當時棺材中的陪葬品。

到了距今兩千年前，臺灣開始進入一個以鐵器爲主的社會，其中包含大量的金屬器與玉器，並開始與外界，特別是與中國東南沿海有所交流，此時具有代表性的文化，包含北部的十三行文化、南部的蔦松文化等，並且慢慢轉變成較爲有組織的部落生活型態，這段時期統稱爲金屬器時代。

由此可知，臺灣島上的歷史文化早於三萬年前就已經開始。雖然我們常說臺灣歷史四百年，但早於四百年前的人類活動情形，卻是不能予以忽略的。若沒有史前文化的相關研究，臺灣島史的建立也就相對困難許多。從大坪頂遺址的挖掘，就可以看出遺址挖掘與保留的重要性。

大坪頂遺址

雲林縣是臺灣地區較晚進行考古調查的縣市，於 1980 年代左右，才有較大規模遺址的發現。包含斗六市的梅林遺址、番仔溝遺址、林內鄉的坪頂遺址等。根據學者的分類整理，認爲雲林地區大約於四千五百年前才有人類活動的遺跡，而隨著時間的演進，出現五種不同的文化層，一直延續到距今約八百年前的時間。

圖1　古坑大坪頂遺址第1號探坑

古坑的大坪頂遺址是較晚被發現的遺址，共分爲兩個文化層。下文化層的年代大約在新石器時代中期，其出土的陶器以紅色爲主，質地細膩，表面有細繩紋；石器則相對較少，生活型態以農耕和漁獵爲主。由上述的特徵可以看出此一文化層屬於新石器時代中年代較晚的細繩紋紅陶文化。

圖2　下文化層出土的斧鋤器具

圖3　下文化層的繩紋黑陶

上文化層的部分，屬於新時代晚期的營埔文化，石器以農業用具爲主，由其可以看出當時以農業爲主要的生活型態。陶器則是黑色與灰黑色的砂陶，從其表面可以看出營埔文化的紋路特色。

圖4　上文化層出土的各式鑵行器口

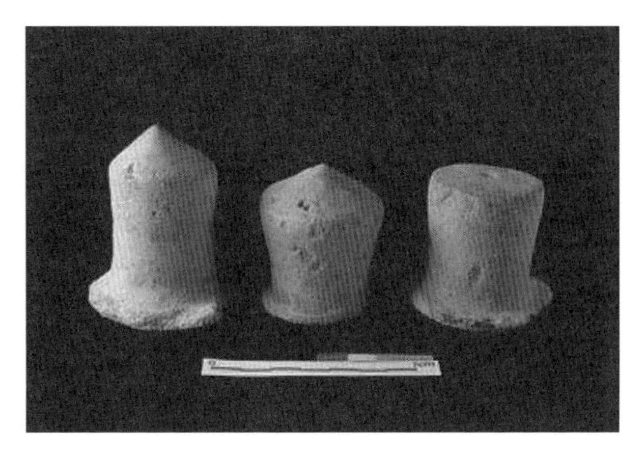

圖5　上文化層出土的陶紐

從上述的挖掘中，可以發現大坪頂遺址雖有兩個截然不同文化的層位，但其時間上是連續且不間斷的。本來學者們猜測下層的繩紋紅陶文化是被上層營埔文化居民的生活型態所打亂，但後來在挖掘過程中，直接區隔出上下兩文化層是完全不同的文化型態，可以說是臺灣考古過程中十分難得的發現。

圖6　遺址中挖掘出土的陶類陶片

圖7　未經擾亂的考古文化層與考古遺物

除此之外，大坪頂的居民也與外界有所交流，包含在西部較難發現的閃玉和蛇紋岩，可以發現他們與東部地區的居民有物品交流的情形。另外透過貝塚以及沉積物的研究，能看出當時海岸線的變遷情形，以及當時居民選擇較高處作爲住所的普遍情形。

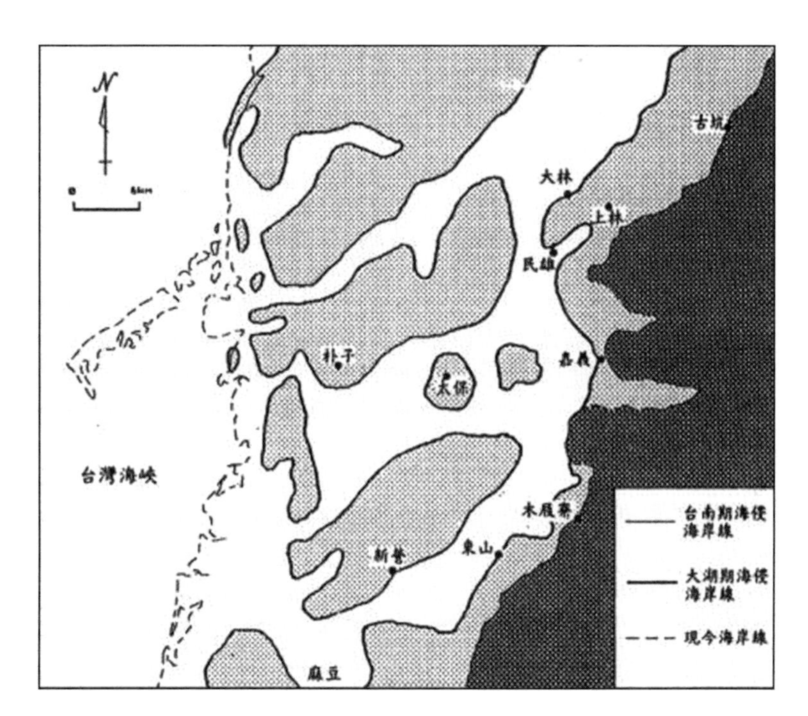

圖8　臺灣西南部海岸線的前後比較

從大坪頂遺址的挖掘與考察結果，可以看到臺灣史前文化還藏有許多的細節，等著考古團隊進行發現。由過去的生活形態與方式，可以看到前人因應環境變遷的智慧，以及在艱困的環境中，前人用何種發明與新穎的方式，來讓自己和後代子孫可以繼續生存下去。

文化資產的保存

但遺址在挖掘和研究後，所要遭遇的最大問題，就是要如何完整的將該遺址保存下來。學者們對此的建議，是請求主管機關將遺址範圍內的公有土地之地上物徵收補償，以及私有土地的徵收，將遺址範圍完整的保護；在附近進行開發時，要注意防護的措施，以防止遺址受到損害；最後則是要將該遺址建立爲文化園區，配合周遭的人文自然景觀與產業特色，並將考古遺址中的物品予以展示，達到保存與教育的成果。

但其實要完整做到上述的條件，在現實上存有一定的難度，所以政府機關和學術單位之間都要經過一段時間的商量和討論，才有辦法得到雙方都能答應的結果。所以在遺址的保存上，臺灣在許多方面都還有加強與進步的空間，盼望有朝一日，臺灣史前遺址的保存能夠完整的展現出臺灣島的歷史與脈絡。

參考資料

1. 劉益昌，《臺灣的考古遺址》，臺北縣立文化中心，1992。
2. 臧振華，《臺灣考古》，行政院文建會，1995。
3. 雲林縣政府文化局，《雲林縣古坑·大坪頂 I、II 遺址範圍及內涵評估計畫期末報告》，2008。

3 古坑傳說故事

蔡貓東與劍湖

在清代臺灣，古坑的水碓村有一戶蔡姓人家，在某夜產下一名男嬰後，家中突然豪光萬丈。蔡家深信此爲吉祥之兆，以後日子必定大富大貴，遂將男嬰命名爲「蔡貓東」，因爲他生下時有不凡的景象，所以從小就受到家人愛戴。未料「蔡貓東」長大後，非但不能科舉登榜，反而成爲了一名打鐵匠，在古坑地區打鐵維生。但是「蔡貓東」的打鐵技術相當高明，據說他曾經爲了一把滿意的刀劍，竟花費五年的時間才完成。因爲「蔡貓東」打鐵技術爐火純青，名聞遐邇，大家都知道古坑有一名很厲害的打鐵師傅，所以古坑就有「打鐵坑」的稱號。

當時漳州與泉州之間的械鬥情形十分嚴重，當地人稱之爲「漳泉拼」。由於在原鄉生活習慣的不同，所以沿海地區以泉州人居多，漳州人的居所則比較靠近內陸。當時在一場漳泉拼之後，由漳州人獲勝，所以泉州人很生氣，就在端午節的中午十二點，弄來一個砧板，抓了一桶水蛙，然後將水蛙一隻一隻用菜刀斬，斬一下就喊一聲「漳州人、漳州人」，意思是我要「殺你們漳州人」發洩一下，可見雙方嫌隙之深。

有一天，「蔡貓東」像平時一樣在打鐵，聽到漳州人被砍殺的消息，過一會兒有一群同族漳州人對「蔡貓東」說：「貓東兄，你平時打鐵煉刀、鑄劍的，練就一身銅鐵般的好武藝，且鑄造的刀劍都是神兵利器，現在我們『漳泉拚』，這一仗一定要爲漳州人打拼！」蔡貓東正值血氣方剛的年齡，且在族人苦苦哀求下，隨即答應要求，他取出那打造五年的神劍，準備去殺敵。此時，他的胞妹了解此神劍的威力，只要劍一出鞘必會屍橫遍野，立馬上前阻攔，蔡貓東不聽勸誡，未料神劍出鞘後，胞妹人頭立即落地，見其妹被誤殺後，更加悲憤，立刻提劍上馬，殺入泉州人的庄頭。劍起頭落，共造成五十三人陳屍街頭。蔡貓東一日內橫殺完後，帶著神劍回打鐵坑，途中在珠螺山上的珠螺湖洗臉休息，隨手將神劍插於湖中，沒想到洗完臉預備抽出神劍時，發現神劍直立不動，即使費盡九牛二虎之力也無法拔起。蔡貓東相當無奈，因怕遭受泉州人報復，不敢回打鐵店，於是直接進入棺材巷，之後即不知所蹤。爾後「珠螺湖」因蔡貓東的神劍沒入湖中，後人遂將此湖改成「劍湖」。

關於這個傳說故事還有其他的說法，有人說是當年鄭成功的寶劍插在那裡。另外一個說法，是蔡貓東最後「跑路」的時候，他的妹妹也要跟著跑，但據說他妹妹是鳳凰命，走到腳酸開始哭，可是不趕快跑又不行，於是蔡貓東吼道：「妳要命比較要緊」，他小妹還是沒辦法，他嚇唬說要殺她，孰知那支劍一拔出，他妹妹的頭就落下。只是他妹妹流白血，白血就是鳳凰命，所以在水碓村土獅尾有一個牌子，就是紀念蔡貓東的妹妹，牌子上說她是皇后，但現在已經不復存在。

翁裕公傳奇

翁裕公，他的眞正姓名叫翁屛山，是清領臺灣時期雲林地區的有錢人之一，居住於古坑。他之所以被稱爲是「公」，是當地人對他的尊稱。他具有當時縣長候補人的資格，如果有縣長出缺沒人補時，因爲他通過考試，所以有上任後補的資格。他的住所在桂林村內館，而「館」這個字的意思在當時即臺灣人稱呼有錢人住的地方。

傳說翁裕公之所以富有，除了他的土地風水好，地底下又埋藏黃金之外，他有養一隻烏龜，每天晚上都會背一袋金或一袋銀去倉庫給他。由於他極其富有，所以翁裕公時常會炫耀自己的財富。而北港有個姓施的員外，也是有錢人。有一天，兩個人碰面，他說：「施員外，我們雲林地區這一帶可能就屬你最有錢。」施員外說：「沒啦，沒啦！」雙方互相客氣一番。

後來施員外就說：「啊！你不知道啦，不過沒多少，算收成的甘蔗糖，我的糖全部載去古坑，把它放水流到北港時，水都還會是甜的」，翁裕公也不甘示弱地說：「我其實也沒多少，我若要去梅山，要去虎尾、斗六、斗南、林內，我不用走到別人的地」。可見他財力之雄厚。

但後來他發現因爲道路顛簸，那一隻烏龜搬運金銀的速度太慢，光是來回搬運就耗費太多時間，於是他就想到要在路面上鋪磚，讓烏龜比較好走。誰知在鋪完後，烏龜就嘆了一口氣說：「啊！人家塞路了。」於是就掉頭回去了，從此之後，翁裕公的財產就日漸減少，家族也逐漸沒落。

瘋婆仔傳說

瘋婆仔，本名陳寶，因爲她長得很漂亮，吸引不少男人的目光，也因爲這個緣故而擁有不少的土地，但也因此招到不少人的忌妒。日本統治臺灣初期，爲了要製圖，所以需要每個地方的土地資料，他們叫老百姓在自己的土地上都要插上牌子，好讓調查的官員可以辨識。當時臺灣人很怕日本人這個舉動是爲了在確定土地的擁有人後加重稅金的徵收，於是那些忌妒陳寶的人就偷偷的把旗子上的名字都寫上陳寶，好讓她被日本人收取重稅。沒想到後來土地調定後，日本宣布三年不用收取稅金，讓陳寶平白獲得許多土地，成爲雲林地區的有錢人。

事實上，陳寶的精神狀態十分正常，但因爲她的個性開朗，跟警察的關係良好，再加上擁有許多的土地，所以被其他人汙名化爲精神狀態有問題。平常她與農民的互動也十分正常，但因爲成就上遠高於當時的其他人，所以難免受到忌妒與不滿，因而有了瘋婆仔的稱號，並流傳至今。

4 鐵國山抗日風雲

日治時期，是臺灣歷史一個重大的轉折點，亦是臺灣從傳統邁向現代的關鍵年代。我們聽過日本人對臺灣現代化的諸多貢獻，也聽過臺灣人如何奮勇抵抗日本人的占領行動。讓我們在重新思考日本對臺灣統治五十年的是非功過時，有著矛盾且複雜的心態存在。但歷史的事實是確實存在，並且有著強而有力的證據，功過是非，我們後人應當自行評斷，而非人云亦云。

以日治初期的武裝抗日事件爲例，最廣爲人知，在課本所占的篇幅也最大的，莫過於苗栗事件和西來庵事件，這兩起事變都帶著較爲濃厚的國家主義和民族主義思維。但也因此掩蓋了更爲前期的武裝抗日行動，包括在臺灣民主國之後的乙未戰爭，以及各地鄉勇的游擊戰，相較前述兩起事件，前期的抗日義士，反而是讓日軍更爲膽顫心驚的對手。

自乙未割臺以來，臺灣人對日本統治的武裝抗爭從未停止，其中最有名的莫過於歷史課本中所提到的「抗日三猛」：簡大獅、柯鐵虎和林少貓。而柯鐵虎是中部地區抗日的代表，他出身於雲林，爲人豪爽，武功高強，在現今古坑的大坪頂成立鐵國山政權，展開長期的抗日行動。他的抗日行動不但影響了整個雲林地區，也增加了整個中南部人民的抗日信心。

柯鐵虎的抗日行動從鐵國山建立政權爲出發，在經歷雲林大屠殺後，堅定抗日的決心仍不敵日軍強大的武力裝備，最後不得不接受招降的行動，抗日豪傑不能如其所願戰死沙場，最後只能徒呼悲嘆的倒臥於病榻之上，爲長達數年的鐵國山抗日事件畫下休止符。

圖9　日軍征討反叛軍

乙未割臺

1895 年，馬關條約簽訂，臺灣被清朝政府割讓給日本，結束了清朝在臺灣兩百多年的統治。臺灣人民聞訊，哀鴻遍野，但這遠遠不及於他們的憤怒程度，所以在臺灣末代巡撫唐景崧的帶領下，成立了臺灣民主國，不只代表臺灣人抗日的決心，也點燃了臺灣抗日事件的燎原之火。

離臺北百里之遙的雲林，自古以來就是草根性很強的地方，對於日本接下臺灣統治權的事情，自然是難以接受。在現今的古坑鄉，有一山頂名爲大坪頂，距離斗六市區約二十餘哩，三面溪谷環繞，東南面與險峻山地相連，地勢險要且易守難攻。當時人民爲避免日軍的侵擾，多前往此地躲避，有志之士並以此爲據點，開始跟日軍打游擊戰。日軍不堪其擾，便藉由收買當地人來指引他們攻打大坪頂，但當地人不願意與日本合作，於是一方面敷衍日本人，另一方面告訴住在大坪頂的居民日軍預備進攻的計畫，使得日軍對大坪頂上的散兵遊勇束手無策。

圖10　日軍搜索農村

鐵虎與鐵國山

由於鄉勇們缺乏領導的首領，一直以打游擊戰的方式對抗日軍，並非良久之策，但就在此時，出現一位領袖級的人物。古坑鄉當時有位名爲柯鐵的年輕人，家裡世代製紙爲業，他身手矯健，且善於用槍，爲人豪爽，頗得鄰里稱讚。一日，他與他的夥伴準備前往大坪頂，當時四周皆有日軍駐紮，柯鐵決定給予欺壓臺灣人的日

圖11　柯鐵照片
（翻拍自維基百科）

軍一些教訓，他仗著自己武功高強，決定單槍匹馬伏擊日軍。他躲在山谷，只用幾道槍聲，就讓日軍大為驚恐，以為有眾多武裝部隊在山上準備突襲，柯鐵再趁亂攻擊日軍，因此旗開得勝。經歷這次的勝利後，柯鐵加入了抗日義軍的陣營，數次率眾攻擊日軍，斬獲良多，因此外人又稱他為「鐵虎」。

柯鐵於大坪頂抗日時，有一人名為簡義，本來是劉永福的部屬，認為臺灣人在抗日的過程中犧牲過於慘重。所以，在日軍進駐至大蒲林（現嘉義大林）時，決定仿效辜顯榮，投降日軍，並擺下宴席款待日軍。豈知日軍為證實簡義的誠意，要求獻出婦女百人，這項決議當然被簡義所拒絕，日軍竟因此強姦婦女數十名，簡義大為憤慨，決定率領義軍與日軍對抗，但寡不敵眾，轉而前往大坪頂投奔柯鐵。

大坪頂上，嘉雲地區的鄉勇豪傑齊聚一堂，形成一股不小的勢力。當時日軍雖然宣稱平定全島的反抗勢力，但南北的大小動亂卻不曾停歇，讓日本軍隊疲於奔命。總督府聞訊，決定調動彰化、嘉義、臺中等地駐軍，傾全力攻打大坪頂。但日軍其實對當地環境不甚熟悉，所以難以掌握義軍的動向，當地村民也不想協助日本人，使得日軍難以掌握軍情。抗日義軍知道情況後，決定在山上設下埋伏，一方面保存實力，另一方面不須正面迎擊配有精良裝備的日軍。日軍準備好軍隊，預備進攻大坪頂，但由於山上道路狹窄、雜草叢生，日軍人數眾多，不便行走。突然，「砰、砰、砰」數聲槍響，義軍好似天降神兵，殺得日軍措手不及。日軍被打得節節敗退，當時帶兵的少尉、中尉或是較高階的隊長，有的死、有的傷，最慘烈的是中尉中村益明，活捉後被義軍凌遲致死；其餘的兵士，則死傷三百多人。日軍以武力平定臺灣時，可說是屢戰屢勝，遭受到如此嚴重的傷亡，可謂少見。

在這次的勝利後，義軍認爲大坪頂如鐵一般堅固，所以將其改名爲鐵國山，並推簡義爲首領，立鐵國旗，號稱天運元年，打著「禱捷上帝」、「奉清征倭」等旗號，儼然形成一個獨立政權。

雲林大屠殺

但就在抗日義軍節節勝利時，一場沒人預料到的悲劇正慢慢的孕育。由於抗日義軍有鐵國山作爲天險，加上熟悉地形，所以能善用地理上優勢來對抗日軍，讓日軍屢次受挫。日軍對此大感憤恨，所以自中村中尉遇害的隔天開始，便進行一連串的軍事行動，主要針對鐵國山周遭的村莊，集中於現今斗六和古坑地區。雲林支廳長松村雄之進稱「雲林轄下無良民」，日軍便把村莊皆稱作「匪窟」，也就是盜匪居住的地方，四處報復屠殺，且縱火民房多戶，這便是歷史上著名的雲林大屠殺。根據當地耆老們的說法，大屠殺發生的時候，日本人不管是老人小孩，甚至連嬰兒都不放過。所以臺灣人在日本軍隊來的時候，都會躲到草叢自保，在躲藏時，有時候小孩子會哭泣，就會被日本人發現這裡有躲人，全家人都會被殺害。所以若是女生哭就立刻掐死；若是男生哭，就想盡方法不要讓他哭，不能掐死他，因爲男生是要負責傳宗接代的。這是在傳統重男輕女觀念下，所發生的另一場悲劇，因此造成當時有許多女童喪生。

由於這場大屠殺，牽連甚廣，震驚了日本政府，居住在臺灣的外國人和傳教士，都紛紛投書報紙。外國報紙口徑一致的認爲，日本的軍事行動是非法且不人道的，向日本政府進行施壓。總督府爲讓事件盡早平息，當機立斷的對下達指示的斗六廳長免職，並且對受害居民進行賠償。但經歷過這次的大屠殺，雲林地區的人民更加的支持鐵國山義軍，越來越多人響應抗日行動。1896 年 7 月，鐵國山義軍攻佔雲林支廳，並準備朝嘉義城進軍，反抗的聲勢達到高峰。

敗走

隨著雲林支廳遭到攻陷，日本總督府開始了解一直採取軍事行動無法動搖鐵國山政權，便採取懷柔政策，一方面安撫當地居民，一方面派辜顯榮和陳紹年前往說服抗日義士歸降，最後成功說服簡義下山投降於日本政府。在簡義下山投降後，抗日義軍並不因此而失去鬥志，改推舉柯鐵爲領袖，繼續對抗日本。在屢屢無法解決雲林抗日義軍的情況下，日軍將討罰司令部設於崁頭厝（今古坑鄉永光村）， 並且重新投入大量軍力，對大坪頂展開掃蕩。日軍靠著軍隊人數和裝備上的優勢，並記取了前次的教訓，決定使用火炮猛轟鐵國山，終於在 1896 年年底，佔領大坪頂。但柯鐵所率領的義軍，仍舊沒有放棄對日本的抵抗，他們潛入深山當中，不時下山偷襲派出所和日軍駐紮地。

柯鐵雖然失去鐵國山爲根據地，但仍然保持一定的軍事實力。1897 年，柯鐵的義軍於現在的雲林和嘉義一帶，不停的對日軍打游擊戰，期盼有朝一日能奪回鐵國山。但日軍早在山的周圍布下重兵防守，柯鐵所率領的抗日義軍始終無法順利完成目標。在這段期間，抗日義軍雖有勝利，並造成中部日軍不小的壓力，可惜終究無法一舉擊垮日軍。

1898 年，新任總督兒玉源太郎和民政長官後藤新平上任後，他們了解軍事不是征伐的唯一手段，因爲勞民傷財且成效不大。根據傳說，後藤新平認爲臺灣人「貪財、怕死和愛面子」，所以招降和安撫政策就成爲總督府在面對抗日分子時的優先考量。柯鐵等人雖有辦法抵抗武力，卻抵擋不住金錢與權力的誘惑，陸續地被日本招降，其他不願投降的義軍便被日軍各個擊破。柯鐵雖投降於日本，但很快就發現招降僅是一場騙局，日本政府口頭上雖然答應讓柯鐵保有一定的武力，但過沒多久便以此爲由，欲除之而後快。柯鐵被迫再次率軍對抗日本，但響應人數已大不如前。

1900 年，隨著柯鐵積勞成疾而後病逝，其手下義軍形同分裂，日本人便採取招降的方式，吸引義軍投降，實際上則是在典禮上設下陷阱，在歸順典禮結束後，日本人便以各種罪名加諸於義軍身上，義軍退無可退，雖想奮力一搏，但已成爲甕中之鱉，全數遭到日軍消滅。其餘的反抗勢力，也迅速被日軍平定，雲林的抗日武裝勢力至此已經算是全數瓦解。

結語

悠悠歲月，冉冉而過，再行至大坪頂上，只剩無限懷念和惆悵。由鐵國山頂向下瞭望，想像當年日軍和義軍的激戰、柯鐵一夫當關的威猛，轟隆隆的砲聲彷彿仍存在於山的周圍。簡義和柯鐵等人一直把大坪頂當成水伯梁山，持續反抗日軍的政權。在水滸傳的後半段故事中，一百零八條好漢全部接受朝廷招安，但卻爲了自己的投降付出了生命代價，少有人可以善終。群聚於鐵國山的草莽豪傑們，又何嘗不是如此的情況呢？簡義、柯鐵和其他義軍，重演了一齣臺灣水滸傳，可歌可泣，卻也令人不忍卒睹的寫下相同結局。

圖12-13　鐵國山今日之景

臺灣歷史四百年間，還有多少像柯鐵一樣的歷史人物，仍躺在鄉野之中等待有人發覺，或是僅在課本中一筆帶過而不留一絲痕跡？我想應該是不可計數的。若能在課本以外，重新編寫這些歷史故事，甚至是以影像的方式進行呈現，相信身處現代臺灣的我們，可以藉由認識這些人物，與我們土地的距離更爲緊密。

參考資料

1. 洪棄生，《瀛海偕亡記》，臺灣銀行金融研究室，1959。
2. 姚錫光，〈東方兵事紀略〉，收入於《臺海思慟錄》，臺灣銀行金融研究室，1959。
3. 臺灣省文獻委員會，〈雲林、六甲等抗日事件關係檔案〉，臺灣省文獻委員會印行，1978 年 12 月。
4. 鄭天凱著，吳密察審訂，《攻臺圖錄——臺灣史上最大一場戰爭》，遠流，1995。
5. 古坑鄉公所主辦，〈九十三年度古坑鄉耆老座談會 計畫緣起與內容〉，未出版，2004。
6. 許世楷，《日本統治下的臺灣》，玉山社，2006。
7. 翁佳音，《臺灣漢人武裝抗日史研究（1895-1902）》，稻鄉，2007。

5　泣血樟湖二二八

不願面對的眞相，對於戰後臺灣歷史而言，是個再貼切不過的註腳。過去在政府嚴密的控管下，這段歷史是以一種虛實混雜的形式呈現在我們面前，隱藏在幕後的眞相，是經歷過當時教育的人，所不願承認與面對的，特別是這一切的開端，二二八事件。

圖14-16　二二八研究的相關資料已經十分豐富

只要生活在臺灣這塊土地上，就不能不知道二二八事件是如何影響戰後的臺灣，以及在未來臺灣所扮演重要的角色。在過去的臺灣社會，二二八事件一直是個禁忌的話題，直到解嚴後，二二八事件的輪廓才逐漸清晰。二二八事件最為人所知的是 1947 年 2 月 28 日，從臺北天馬茶房的查緝私菸事件爲起點，逐漸擴大爲全島的反動。但之後的鎭壓和清鄉行動所造成的傷亡，是造成臺灣人心中仍存有陰影的最大原因，包含最大的武裝反抗組織：二七部隊，以及在當時臺灣其他地區的人民自行武裝對抗國軍的情形，卻是默默躲在歷史角落。已故的張炎憲教授，可說是二二八事件研究的先行者，撰寫並訪問臺灣各地二二八受難者以及他們的家屬，編輯成一系列的二二八口述歷史書籍。同時隨著政府願意公開檔案資料，也逐漸撥開二二八的謎團。

二二八事件，是當時全臺都不可避免的歷史事實，雲林古坑自然也不例外。在雲林自古即有的反抗意識下，出現了一位醫師，他主動帶領雲林當地人民參與反抗，並且在古坑軍事鎭壓過程中，進行最後一次的武裝反抗行動，在二二八事件中，留下不容抹滅的痕跡。

二二八事件

1945 年 10 月 25 日，臺灣受降典禮在臺北市中山堂舉行，國民政府與此同時成立了臺灣省行政長官公署。當時的臺灣行政長官陳儀掌控了整個臺灣地區的大權，亦即將行政、立法、軍事集大權於一身，無異於日治時期的臺灣總督，讓臺灣的人民對國民政府存有疑慮。但早在國民政府接收時，臺灣人民已經對這批他們原先認定的炎黃子孫有不滿的聲音，因爲不論在何種層面，他們都遠遜於剛離開臺灣的東瀛武士。在正式接管後，這樣的情況更加明顯，經濟上的通貨膨脹和官僚的腐敗，讓臺灣人民怨聲載道。而語言溝通上的困難，更讓隨著國民政府過來的「外省人」看不起他們眼中的皇民，衝突的意識也就逐漸升高到一個臨界點。天馬茶房的查緝私菸事件，正好是衝破這個臨界點的導火線。

圖17　二二八事件爆發當天的臺北火車站

1947 年 2 月 28 日，專賣局在大稻埕查緝私菸時，不小心打傷了販賣私菸的婦人林江，造成附近圍觀群眾的憤怒，並開始追打查緝私菸的人員。查緝人員爲了脫身，只好開槍示警，卻誤擊了一旁的圍觀群眾，讓原本已經沸騰的民怨更加高昂。隔日群眾便包圍專賣局，並前往行政長官公署請願，卻遭到公署的衛兵無差別的射殺，導致不小的傷亡，更激發了臺灣人反抗的意志，使抗爭行動蔓延到臺灣全島。

二二八事件下的雲林

隨著查緝私菸事件的消息散布開來後，宛如五十多年前武裝抗日的情景再現一般，抗爭行動蔓延到全島。反抗意識強烈的雲林地區，自然也參與其中。首先起頭的是雲林地區的青年，他們組織成一支游擊隊，襲擊當地的區署和警察局，並接管裡頭的武器。這些年輕人皆是由當地的執業醫生陳篡地帶頭領導。

陳篡地，彰化二水人，是當時在斗六和斗南開業的眼科醫生。由於其爲人樂善好施，深受民眾的喜愛。日本統治時期，被派往越南擔任軍醫，曾與日後的越南國父——胡志明有所來往，並且打過游擊戰。二戰結束後，他從越南偷運武器返回臺灣，致使日後武裝行動時能夠順利進行。陳篡地在二二八事件發生後，和三民主義青年團的隊長陳海永、醫生葉仲崑等人成立了斗六治安維持會（後改爲斗六警備隊），由陳篡地擔任總隊長，開始與國民政府進行對抗。

圖18　陳篡地

武裝行動迅速的在雲林蔓延開來，在游擊隊突襲警局成功後，接著發難的是虎尾地區的民兵，他們率先包圍虎尾機場，並與斗六警備隊會合，截擊逃走的官兵，取得短暫的勝利，但這也是民軍在雲林地區唯一一次的勝利。在陳儀電請蔣介石從中國調派軍隊增援後，國府正規軍以嘉義市爲基地，派兵進攻斗六、虎尾和北港等地，民軍寡不敵眾，決定進入古坑山區，做長期性的抵抗。

樟湖血戰

古坑鄉一帶的地勢險要，易守難攻，自當年的鐵國山事件後，再度成爲當時反抗軍的基地。雲林地區的反抗軍與當時在烏牛欄之役後敗退的二七部隊會合，撤退到現在的樟湖地區，並接收當地的國小跟派出所作爲根據地。雖然樟湖居民並沒有每個人都參加反抗軍，但他們對反抗軍十分友善，都將反抗軍當成是自己人，每天幫忙反抗軍打理好日常生活的一切。藉由當地居民的協助，反抗軍慢慢地在樟湖地區建構勢力，陳篡地的持久戰策略如同當年的柯鐵虎一般，憑藉著險要的地形以及其打游擊的戰略，仍然能夠保持一定的軍事實力，使得國民黨軍隊無法徹底將其殲滅。加上當時在樟湖加入反抗軍的居民，多是二戰時期替日本在海外拼命的士兵，並不畏懼國民黨軍隊的兵力和武力，又有豐富的作戰經驗，更增添反抗軍的氣勢。

根據有參與活動的耆老回憶，當時民軍分配槍跟刀給當時只有十多歲的青年攜帶，每人分別有一隻槍和一把刀，讓他們去固守倉庫。曾經目擊現場情況的耆老則提到，有人進入土角厝閃避子彈、有人則是看到傷者和死者血流成河的情況，可見當時樟湖戰役的慘烈情況。

到了三月底，國民黨的軍隊運用攏絡的手段，收買當地居民當作線民，提供反抗軍的情報，讓國民黨軍隊能夠迅速掌握反抗軍的情報，在此情況下，二二八的最後一波鎮壓行動很快的展開。國民黨軍隊電請中央恢復山砲營，以利於對山頭的攻擊，並在當地居民的帶領下，從後山進入，猛攻樟湖地區。陳纂地在部屬的保護下，潛行回二水老家，並躲藏在地洞中長達六年之久，他每晚都抱著武器入眠，隨時防備著國民政府的軍隊。直到陳纂地在臺中一中的好友謝東閔具保，以及執政者承諾保護其家人和財產安危後，陳纂地才願意自首，但被強迫搬遷至臺北火車站附近開業行醫，方便特務就近監管，直到過世。

尾聲

在陳纂地脫離戰場後，民軍缺乏領導，加上有許多的間諜透漏反抗軍消息，致使樟湖地區的反抗行動很快就宣告結束。但仍有少部分的民軍在樟湖地區持續奮鬥，在當時臺灣各地的反抗活動都告一個段落時，雲林地區奮戰到底的精神，顯示出當地人民不輕易屈服與認輸的性格。但經過這場樟湖血戰後，中部地區的反抗勢力遭到不小的打擊，隨著二七部隊的潰散和陳纂地的隱匿，民軍也逐漸難和國軍匹敵。與此同時，國民政府將行政長官公署撤除，改設臺灣省政府，並由魏道明擔任首任臺灣省主席。魏道明取消了當時的戒嚴令，並宣布結束關於二二八事件的清鄉行動，改依循司法途徑處理二二八事件的人犯，並且約束軍隊、警察、憲兵的濫捕濫殺。雲林地區的反抗義軍也多在經由勸說過後交出武器，回歸原本的生活。所以有人認爲樟湖一戰，可以稱爲是二二八反抗行動的最後一波軍事行動。

結語

雲林，是個反抗意識強烈的地方，臺灣歷史發生的事變中，都可以看到雲林地方總是會有豪傑烈士登高一呼，率領人民前仆後繼的對抗他們所反對的統治政權，從大日本帝國到國民政府，莫不是如此。並且他們同樣把古坑地區當作是反抗的據點以及決戰之處，顯現出古坑地區的易守難攻和當地剽悍的民風。柯鐵和陳篡地雖是不同的出身背景、從事不同職業，但他們都擁有相同的信念和相同的決心，替雲林的反抗意志譜出了壯烈的樂章。

二二八事件發生的原因，是由各種複雜的事件所組成，查緝私菸事件只是一個引爆點，點燃了臺灣人民的決心與意志，而鎭壓清鄉行動更導致後來一波又一波的武裝反抗行動。正因爲鎭壓行動的緣故，導致當時臺灣的菁英階級不是被殺，就是消失，能夠像陳篡地醫生一樣存活的，已屬不易。但能存活下來的不是被特務嚴密監視，就是失去對政治的熱誠，使得白色恐怖的實行並無受到任何阻礙。在現今的雲林地區，應該只有老一輩的人認識陳纂地醫師，和以他為首的斗六警備隊，而中年人和年輕人對二二八事件的認知，可能依然停留於臺北查緝私菸的事件上，而非自己故鄉的武裝抵抗行動。

為何會造成這樣的影響？過去歷史課本上所傳達給我們的資訊，也只停留在一開始的導火線上，後面的清鄉和武裝抵抗都是一兩行話帶過，無法正確傳達給學子，讓他們對過去歷史有正確且全面的理解。了解過去，不是為了重新挑起省籍、政黨、國家認同之間的衝突，而是讓我們自身了解，過去在這塊土地上究竟是發生什麼樣的歷史事實？特別是每個縣市鄉鎮，都有一段屬於自己的二二八事件。臺灣對二二八的歷史記憶，不應該只局限於天馬茶房，而是要從自身周遭所發生的歷史事件開始了解，讓這些事件不再是鮮為人知的故事。這樣一來，轉型正義的道路才能步上眞正軌道，我們才能眞正擁有自己的歷史記憶。

圖19　位於綠色隧道的古坑鄉二二八紀念碑

參考資料

1. 張炎憲採訪，王逸石、高淑媛、王昭文記錄，《嘉雲平野二二八》，吳三連臺灣史料基金會，1995。
2. 張炎憲，《二二八事件辭典》，國史館，2008。
3. 楊朝欽，《風起雲湧二二八——雲林記事》，雲林縣文化處，2012。
4. 鐘逸人，《此心不沉——陳纂地與二戰末期的臺灣醫生》，玉山社，2014。
5. 陳翠蓮，《重構二二八：戰後美中體制、中國統治模式與臺灣》，衛城，2017。

延伸閱讀

1. 賴澤涵、馬若孟、魏萼著，羅珞珈譯，《悲劇性的開端：臺灣二二八》，時報，1993。
2. 陳儀深，《濁水溪畔二二八——口述歷史訪談錄》，草根，2009。
3. George H. Kerr 著，詹麗茹、柯翠園譯，《被出賣的臺灣（全新翻譯校註）》，臺灣教授協會，2016。

6　520農民運動

　　農民與農業，是開發中國家不可或缺的經濟要素，若是過於忽視農民的權益，將會造成無可彌補的危害，1988 年所發生的 520 農民運動，就是個最好的例子。雖然整場遊行運動以不和平且暴力的方式收場，但仍然替農民追求到他們本該享有的權益。這場農民運動從雲林縣古坑鄉的農會發起，一路到臺北的總統府、立法院、國民黨中央黨部和警政署，衝突一直沒有停歇過。這場解嚴後最大的遊行運動，不僅是挽救了瀕臨困境的農民，也揭開未來十餘年「街頭即戰場」的社會運動序幕。

起因

　　雲林縣在臺灣產業所扮演的角色，一直都是主要的農產品出產地，所以中央政府所制訂的農業政策都對雲林地區的農民有重要的影響，並且影響整個雲林縣的經濟走向。在臺灣歷史上，農業的發展多次遭到統治者的干涉與剝削，因此爆發過多次的農民運動，爲的就是捍衛自身的經濟利益，不讓統治者將所有的利益都納入他們的掌控之中。

戰後臺灣的經濟發展政策，政府一開始注重農業的發展而展開多次的農業政策改革。但到了 1950 年代，隨著工業價值提升，政府便開始犧牲農業，轉而發展工業，並且忽視農村政策和重視都市建設爲主導。政府大政策的導向，已經轉而落實在以出口導向的工業上。加上農業人口的所得與非農業人口的所得逐年擴大，成爲 520 農民事件的潛在因素。1988 年春季，中華民國政府決定擴大開放外國農產品進口臺灣的數量與種類，引起農民們的質疑和恐慌，成爲了事件爆發的導火線。

「冰凍三尺，非一日之寒」，政府對農業的忽視，以及在農業政策上的失當，包含農民健康保險的拖延、農地買賣的限制等等，都壓得農民們喘不過氣，在原本的收入就不如其他產業的情況下，政府於社會福利政策上又不肯多替農民著想，農民界不得不起身反彈。當時出身於古坑鄉，並擔任古坑鄉農會常務監事的林國華，對政府不重農民利益的情況感到不滿，決定帶領群眾北上進行請願遊行，並預備提出七項訴求：

一、全面辦理農民健康保險。

二、肥料自由買賣。

三、增加稻米保證價格與收購面積。

四、廢止農會總幹事遴選，將權力還給農民。

五、改善水利會。

六、成立農業部。

七、農地自由買賣使用。

衝突

1988 年 5 月 20 日，林國華和蕭裕珍以雲林縣農會農權會做爲起點，並以農業開放可能導致農民權利受損做爲號召，召集了雲林在地的農民，同時也號召其他中南部的農民，總計將近一萬人，北上請願遊行。但原本林國華所申請的遊行路線，被警方以施工爲藉口加以阻擾，只好轉向敦化南北路進行遊行，但不得前往國民黨黨部進行示威。一直到下午 2 點之前，遊行過程還算和平，但當遊行隊伍經過立法院時，有農民就趁機要衝進立法院內，隨即被警察攔下，引發了當天的第一波衝突，隊伍中有人開始拿石頭丟進立法院內，造成立法院窗戶玻璃的毀損，更有多人因此掛彩，後在立委朱高正與臺北市警察局副局長協調後，才結束這一波的衝突。

圖20　林國華

之後遊行群眾前往國民黨中央黨部和警政署，與警方發生了第二波的衝突，而這波衝突一直持續到晚上，仍沒有中斷。在警方逮捕了林國華和蕭裕珍等領導者後，群眾的反應就更加激烈，要求警方盡快釋放被逮捕的人。越接近深夜，警力就不斷增援，農民群眾中也不斷有各行各業的人參與其中，雙方的人數越來越多，衝突也就演變得更加激烈。在警力源源不絕的支援和水車的輔助下，群眾不得不被迫在凌晨解散，整個 520 農民運動才告一個段落。

回顧

綜觀整個 520 農民運動，雖然不是發生於雲林古坑鄉，但若不是林國華有此想法與行動表示，恐怕也不會讓被壓抑許久的農民聲音在這個時間點釋放出來。然而許多人對這場抗爭最大的疑惑，是在於原本只是北上請願訴求農民的要求，爲何最後會演變成一場暴力的衝突事件？這部分有學者做出了解釋和分析，這裡大概簡單陳述，讓讀者對這場運動的前因後果有更深入的了解。

當時的媒體多把這次事件解讀爲一場暴力、有計畫性且有組織策畫的行動，背後更有不法分子利用農民來實行更大的計畫。除了因爲剛解嚴僅一年，主流媒體還是依靠在政府的手下，作爲政府的傳聲筒外，農民運動本身的參與者並不僅限於農民。在一場廣爲人知的活動中，若能趁機參與，即使是不同的團體，所發出的聲音也會同時被人發覺，所以活動與參與人員之間是相互利用與影響，並不能因此就指稱有任何人去影響這場活動。

圖21　媒體對於520農民運動的報導
出自於：時代周刊封面

再來是農民用較爲激烈的方式來反映自己的聲音，爲什麼不能成立一個組織持續與中央政府進行溝通，而是要採取激進的抗爭手段。這個問題要將農民放在社會階層上的角色來看，他們基本上在經濟、社會地位等，相較於都市從事工商業的人士自然較爲弱勢，他們所發出的聲音與意見也自然不被社會所重視。基於社會上的限制，農民要讓自己的聲音被聽見，唯有將發聲的方式進行改變，農民的聲音才得以呈現於社會大眾眼前。

最後則是這場運動的發起人林國華，他在這場農民運動中扮演重要的角色。也因此在遊行結束過後，林國華成了政府首要整肅的對象，被依照妨害公務罪名入獄服刑兩年多。但也因爲這段經歷，林國華在農民心中有了不可抹滅的地位。他在出獄之後，不管是不是在政府機關服務，仍繼續的爲農民服務，替農民的權益設想。（備註：林國華先生於2016年因病過世，他爲農民發聲和爭取權益的身影，是農民運動歷史上令人永遠懷念的一頁）

結語

520農民運動，是戰後臺灣一個重要的轉捩點，特別是因爲解嚴的緣故，原本不被容許的集會自由解開了束縛，使得街頭遊行變得十分頻繁。但在解嚴一開始，就發生如此大規模的衝突，也是政府始料未及的。除了被壓抑許久的農民外，臺灣社會環境的變遷也是造成這次衝突發生的原因，包含人民思想的轉變、敢於面對執政者所建立的權威，都深深地顯現在520農民運動中。這次的農民運動，同時也開啓1990年代，臺灣各個階層的社會運動與抗爭，我們可以將520農民運動，視爲戰後臺灣社會運動的先行者。

回顧這次的行動，雖然是以不和平的方式作爲收場，但在這次的遊行過後，政府全面實施農民健保，也讓肥料降價、稻作價格提高、農地被釋出，這都可以說是520農民運動付出慘烈代價後所獲得的成果。也使得臺灣的民主又向前邁進了一步，激勵了後續更多樣貌的社會運動發展。但隱藏在這些事情的背後，卻都是源自於雲林縣古坑鄉不起眼的服務處，讓人對這個純樸的小鎮又多了幾分的崇敬。

參考資料

1. 徐正光、宋文里合編，《臺灣新興社會運動》，巨流，1990。
2. 許伯鑫，《衝撞世代》，尖端，2016。

延伸閱讀

1. 王金壽、江以文、杜文苓等著；何明修、林秀幸主編，《社會運動的年代：晚近二十年來的臺灣行動主義》，群學，2011。
2. David Graeber著，湯淑君、李尚遠、陳雅馨譯，《爲什麼上街頭？新公民運動的歷史、危機和進程》，商周，2014。

7　東和村媽祖傳奇

臺灣的地方村落總有屬於自己的故事，隱藏於庄頭庄尾的角落中，若無實地訪查，很難得知在這之中藏有許多不為人知的傳奇。在臺灣各地，宗教信仰始終是各村落不可或缺的精神支柱，也因此產生了許多的故事和傳說，媽祖信仰便是其中主要的故事來源。媽祖，本名為林默娘，是中國沿海一帶的守護神，在明末清初，大量中國東南沿海居民要來臺灣時，都會帶著媽祖以祈求航行途中一帆風順。等到順利到達臺灣之後，便會將媽祖供奉於家中，然後待籌到一定的資金後，便興建廟宇，讓神明有更好的住所，以享受世人的香火。神明從原鄉來臺，在臺奉祀，到進入廟宇入火安座，期間都會有不少的鄉野傳說，成為當地村民茶餘飯後的話題。

除了神明的傳說故事外，村庄裡都留有不少過去廢棄的建築物，而在沒人控管和整理的情況下，總是會出現莫名的鬼怪故事。但這都得歸因於人為上的疏於管理，以致於廢棄的建築物成為鬼怪故事的發源地，更嚴重的是會成為社會犯罪的溫床。

所以，政府機構應當正視這些無人管理的建築物所衍生的問題，並且妥善規劃，才不會造成更多的問題。

藉由田野調查，發現古坑鄉東和村交雜了上述兩種情形，雖然是一個小村落，但是卻容納許多故事於其中，包含了日治時期建立的東和派出所、當地村落的信仰中心——廣濟宮，以及赫赫有名的陳家古厝。仔細的探訪與調查，都可以發現更多不為人知的祕密與故事，值得細細咀嚼。

東和村歷史沿革

古坑鄉東和村，清朝時屬於斗六堡溪邊厝庄，顧名思義，此地聚落乃沿著雲林溪上游及海豐崙溪上游間的溪地興築。日治時期，溪邊厝劃歸斗六郡古坑庄。戰後，正式更名為「東和村」，是古坑鄉中與斗六市最為接近的村落。

東和派出所

古坑鄉，是個傳統純樸的鄉鎮，其中東和村，是與斗六市相鄰的聚落，最適合作為古坑鄉的首要調查地區。從斗六市到古坑鄉的路上，入眼的皆是稻田和農村建築。一進入古坑鄉，首先見到的就是東和村的指標告示。一開始到達的是被指定為國定古蹟的東和派出所，它是日治時期所設的警察官吏派出所。1920 年，臺灣總督府開始施行同化政策，並且改革地方政制，重新規劃行政區，原本的溪邊厝改劃歸到斗六郡古坑庄，同時設置了警察官吏派出所。1929 年，當地陳姓仕紳將現今派出所的土地借予日本政府，並建造了東和派出所。

現在探訪東和派出所宿舍，僅存破舊的屋舍。從屋舍中可以看出建築的主體是日式建築型式，而建築本身的特別之處，在於當時日本建築師使用的「和洋混合」建築型式，讓整棟建築呈現 L 型。屋頂使用的日本瓦，讓外型正面仰視像一頂日本古代將軍頭上的戰帽。當深入內部探查時，裡頭早已是破舊不堪，很難知道當時的內部情景，只能約略看出空間的配置情況。但建築具營造技術且具稀少性（形貌及細部），磚木混合構造特色明晰，入口的切角頂由托架支撐，十足的展現出地方特色。

至於當時警察制度的運作，以及當時居民對派出所的印象，由於年代已經久遠，並無太多的居民能夠回憶起過去的歷史，加上歷史資料的缺乏，很難還原東和派出所的歷史全貌。

圖22　日治時期的東和派出所宿舍現況

廣濟宮媽祖繞境

探訪東和村當天，剛好是天上聖母誕辰，在路口徘徊時，就遇到了東和村廣濟宮的遶境隊伍。該廟建於清道光年間，主祀天上聖母，是東和村的中心信仰。所以在遶境的路線上，整個隊伍僅是繞巡整個東和村，並無跨越到其他村落。整個遶境隊伍以太子爺打頭陣，依次下去則是福德正神、開漳聖王、陳姓王公和陳姓王媽、交陪的地母廟、擔花的婦女、千里眼和順風耳的大仙尪仔、最後是二媽神轎和大媽神轎。而整個遶境隊伍的行進範圍，就是在廟宇的五營附近。所謂的五營，是指廟宇周遭的五座小營寨，外觀上看起來是一間小廟，可是裡面並未供奉任何神像，僅擺著令旗、令牌或權杖等。

由於早期的村落，並無明顯的範圍劃分，所以會用各種天然地形來劃分村落。而在人造的區分上，最主要就是以五營旗做爲劃分，藉此界定村落的東西南北四個方位。而主廟往往都坐落於村落中間，也就是中營的位置，所以整個遶境隊伍的終點都會是在中營。在整個遶境隊伍走到廣濟宮的途中，家家戶戶都會在家門口擺出香案和供品，並在遶境隊伍經過時，把手上的清香交與工作人員。沿途鞭炮聲也是不絕於耳，一直要到大媽神轎入廟後才終於停止。

圖23　廣濟宮媽祖進廟前的儀式

圖24　媽祖神轎在民家前參拜神案

媽祖傳奇

經過煙硝味和鞭炮聲的洗禮後，身心都受到了媽祖的庇護，開始對廣濟宮的歷史沿革，以及和整個東和村的關係，產生濃厚的興趣。由於廣濟宮建廟的時間在古坑鄉中算是十分的早，所以與當地的連結性也相對較高，藉由廣濟宮爲一個開端，可以對東和村有更多的了解。在繞境活動結束後，剛好遇到負責活動的工作人員，他熱心的介紹廣濟宮的前任主委蔡大哥來進行詳細的說明。蔡大哥學問淵博，自己整理了許多與寺廟相關的文獻資料，提供了許多有趣的情報。蔡大哥表示，現在的廟宇是在戰後所重建，因爲日本統治臺灣時期實施皇民化運動的緣故，日本政府強制搗毀寺廟並毀損神像，廣濟宮同樣不能倖免，當時的媽祖神像被放進甕罐中，只有在夜晚時才敢拿出來參拜。一直要到戰後，才在居民集資下，在原廟址重建，重新讓媽祖入廟安座。

讓人感到好奇的是，爲何在廣濟宮內會有陳姓王公和陳姓王媽這兩尊神明？蔡大哥表示，那是當地陳姓望族所拜的開臺祖，而後來因爲陳姓宗族與當地居民有所爭執，陳姓宗族便關閉了祠堂，幾乎與當地居民不相往來。一直要到戰後，陳姓王公和陳姓王媽才重新被陳家的人請進廣濟宮中，和媽祖共同接受村民的香火。

蔡大哥在講述完畢後，爲了讓我方便收集更多與當地相關的資料，便介紹了數位地方耆老，讓我進行採訪。

首先來到了廟口前的雜貨店，因爲現在的廟址在早期是由雜貨店老闆的家族所擁有。雜貨店老闆現在已年過八十，對很多事情已經印象不清楚，話語也一直反反覆覆，所以很難了解他所想表達的意思。唯一的收穫是得知他父親在日治時期擔任過臺南州嘉義縣斗六堡的保甲書記，名爲蕭四四。

接著來到楊姓宗氏的後代家中拜訪，據蔡大哥所說，目前廣濟宮的媽祖是由楊家先人從漳州揹來的。一進楊家，最先映入眼簾的是一尊媽祖神像，平常很少見如此大尊的媽祖神像擺在一般民家中。出來招待我們的是楊家後代的媳婦，她對整個媽祖故事的了解，是以前她從她公公那邊所聽來的。在日治時期，楊家所帶來的媽祖受到毀廟的影響，去過好幾個地方避難，甚至還有放在甕中，埋入地底用稻草覆蓋，晚上才能挖出來打開祭拜。

現在供奉在楊家家中的媽祖，才是當年楊家所帶來的眞身，其歷史已有三百多年，而廣濟宮裡頭的媽祖神像其實是仿刻品。因爲當時眞身媽祖出巡到斗六時，在進駐新興宮曾被人盜取，後來歸還予楊家後，曾在背後做了記號，以驗明眞身。由於楊家有規定，除非媽祖有託夢指示，否則不能隨便移動媽祖神像，所以無法明辨眞僞。

另外一則傳奇故事，是楊家過去擔任廟中主委的楊鳳池先生，在過世後曾託夢給別間宮廟的乩童，他已經成爲廣濟宮中的福德正神，請他們前往參拜，但由於廟中福德正神過於多尊，無法確切得知哪一尊是楊鳳池化身的福德正神。種種神奇事情令人難以置信，但也不得不讓人對村莊中所隱藏的傳奇故事有更多的了解和想像空間，成爲這次田野調查中最令人印象深刻的題材。

圖25　楊家所供奉的媽祖，左方陪祀福德正神，右方陪祀包拯

陳家古厝

最後則是來到當地望族陳家拜訪，由於第一次拜訪時並無人在家，蔡大哥便帶我們參觀隔壁的陳家古厝，從建築的型式和內部擺設，可以想像陳氏當時在東和村的聲望和錢財，絕對是喊水會結凍。宅邸裡面的正廳保存完善，但左右護龍皆有毀損的情況，目前仍是處於持續整修的樣貌。

在第二次拜訪時，是由陳家媳婦招待，她對陳家的過去並不是十分了解，但她也提到當時東和派出所的地原本就是陳家的土地，但因爲當時土地不値錢，所以也不缺這一塊地，便提供給日本政府興建派出所。可惜的是她對其餘事情則是沒什麼印象，讓這趟訪談留下了一些遺憾。

從田野訪談中可以發覺，傳統禮俗上的男尊女卑依舊是存在於臺灣，楊家和陳家的媳婦其實都對自己夫家的過去不是非常了解，因爲多是從公公婆婆那邊聽聞，難免接收到的可能是片面之詞，加上傳統觀念上都會認爲媳婦不是自己的女兒，所以不會給予太多的資訊，也導致媳婦對家族歷史不甚了解的情況發生。

圖26　陳家古厝現貌

在這趟訪談旅程中，藉由與當地人的交流互動和參與當地的民俗活動，能讓一個對這個地方沒任何概念的外地人產生了一股熟悉的情感。或許，我們真的在書本的世界中待了太久，沒有到室外去走走看看，錯失了很多我們本該認識與了解的事物，說不定在四處閒晃過程中，可以發現一些平常不曾注意到的事物。

8 帝爺公與古坑

臺灣自有歷史以來，一直是個移民社會，民間信仰成爲人民不可或缺的精神支柱。移民本身就因爲生活困苦，而必須遠離家鄉到一個陌生地方進行開墾，在物質生活上自然十分艱辛。這個時候，自然就要借助精神上的慰藉，所以移民們通常都會帶著自己原鄉的神像或是祖先牌位，祈求自己在這塊陌生的土地上能夠平安順利。隨著原鄉生活習慣的不同，移民們所供奉的神明也就不同，現在臺灣所供奉神明的數量多寡，與當時移民所帶入的神明有所關聯。雲林縣廟宇中所供奉的神明種類繁多，如媽祖、王爺，都是臺灣西南海域常見的神祇。但在雲林縣，有另外一尊神明的數量名列前茅，可是在其他縣市卻少能見到的，一般我們稱它爲玄天上帝，俗稱「上帝爺」或是「帝爺公」。它的信仰中心都是靠近山區，這與過去傳統的開墾社會脫離不了關係。古坑鄉，是雲林縣內玄天上帝廟數量第二多的鄉鎮，與其靠近山區有不小的關聯。本文將討論古坑鄉的民間信仰中具有代表性的玄天上帝，其廟宇與當地居民的關聯。

臺灣玄天上帝信仰

玄天上帝，又名眞武大帝，是象徵著北極星與四象中的玄武，在五行中代表北方，亦是屬水。中國古代帝王以北爲尊，故北方在中國文化上有著重要的意義，也意味著玄天上帝的地位在道教神祇中是數一數二的。關於玄天上帝的傳說，如同其他道教神明一般，中國民間流傳不少的說法，最爲有名的傳說是玄天上帝本是一名屠夫，以殺豬爲業，到了晚年，覺得自己殺生太多，難積陰德，於是決心放下屠刀，進入深山修練。後得觀音顯靈，指出他殺生太多，罪孽太深，必須自切腹肚，取出五臟在河中洗淨，方能得正果。屠夫依觀音菩薩所言，切割出自己的內臟在河中洗滌，河水因此都被染成黑色，屠夫一直洗到河水澄清，才把內臟納回腹中，方才修成正果。但他丟在河裡的腸胃，在吸收天地精氣後，卻變成龜蛇，在凡間危害世人。屠夫此時已經成爲玄天上帝，認爲自身所造成的禍害應該自行前往消滅，隨即下凡收伏，誰知龜蛇神通廣大，玄天上帝無法輕易收服，只好請保生大帝幫忙，以三十六天將作爲抵押，借到「伏魔北斗七星劍」，果然成功制服龜蛇。可是當玄天上帝一收劍，龜蛇又蠢蠢欲動。玄天上帝迫於無奈，只好把龜蛇踩在腳下，運用神功壓住。又因若無七星劍，無法完全鎮壓龜蛇，所以無法歸還給保生大帝，三十六天將也就因此歸保生大帝所擁有了。

這樣的民間傳說，自然會吸引百姓的注意，並加深對神明的印象，但是對正統道教的成員而言，這種故事對玄天上帝可謂是大不敬，認爲這是貶低玄天上的神格。但會有這樣的故事，有其歷史因素存在。在中國歷史上，玄天上帝信仰的鼎盛時期是在明朝。當時玄天上帝的封號爲元聖仁威玄天上帝。在明太祖朱元璋起義兵敗，並逃入武當山眞武廟時，玄天上帝曾助朱元璋逃離險境，所以在朱元璋創建明朝後，重新敕封其爲北極玄天上帝；到了明成祖朱棣時，更稱靖難起兵得勝乃得眞武大帝相佑，進一步封其爲北極鎭天眞武玄天上帝，玄天上帝的神格與信仰在此時達到了巔峰，是故玄天上帝成爲明代最具代表性的神明。也因爲如此，玄天上帝成爲滿清入關後需要打擊其神格的神明之一，若是依照強硬的政策或法律來直接禁止民間百姓供奉，可能會造成民變的發生，所以清朝就利用民間故事來貶低其主神地位，將玄天上帝降爲屠宰業的守護神。

明清時期，正好是大量中國大陸人民移入臺灣的時間點，特別是閩粵地區的百姓，因爲原鄉生活困苦，又地狹人稠，只得向外尋找新的土地進行開發。而在閩粵地區，玄天上帝通常有三種主要功能，分別是水神、海神以及防禦盜匪之神，所以對於渡海來臺的移民而言，除了媽祖和王爺以外，玄天上帝也具有同樣的神格，可以保佑渡海來臺的移民平安無虞。但移民本身經濟條件並不是很充裕，所以帶著神像或是香火來到臺灣後，通常會放在家裡，甚至是路上隨便找個地方就地供奉，一直要到清朝統治時期，供奉玄天上帝的廟宇才開始普及。

古坑鄉與玄天上帝廟

為何雲林縣的玄天上帝信仰中心會是在靠近山的地區？根據研究顯示，主要原因是過去先民開墾時所帶來的原鄉信仰居多，包含了香火和神像；另外，在移墾社會的觀念中，居住地靠近山區的居民自然與山為伍，蛇主要的棲息地是在山區，成為了移民開墾的最大敵人。玄天上帝的形象正好是腳踏龜蛇，剛好可以震懾住蛇對移民的騷擾，因此成為山區移民們的信仰中心。

在古坑鄉共有十二座以玄天上帝為主神的廟宇，最早的一座是建於雍正末年乾隆初年的高林保安宮，之後的清領時期、日治時期和戰後臺灣，古坑鄉陸續建立以供奉玄天上帝為主神的廟宇，但廟宇建立的先後順序並不代表玄天上帝的神像或是香火到達的順序，例如古坑鄉大埔村的北極殿是建立於1984年，但廟裡所供奉的神像是由張氏三兄弟自中國所帶來的玄天上帝香火，並隨同鄭成功在安平港登陸，時間點比保安宮的建立還要來得早。除了從原鄉帶來的香火之外，廟宇裡頭的神明另外一個來源，是其他廟宇的香火分靈，像是古坑崁頭厝振興宮，裡面所供奉的玄天上帝被稱爲是二帝爺，是來自於嘉義縣梅山玉虛宮的分靈；另外像是南投松柏嶺受天宮、臺南北極殿等玄天上帝的分靈，都可以在雲林縣發現蹤跡。底下就幾間古坑鄉的玄天上帝廟，做個大略的簡介。

古坑鄉 北極殿

北極殿內祀奉的玄天上帝，是張氏三兄弟自中國所帶來的玄天上帝香火，並隨同鄭成功在安平港登陸朝陽村。過去本地人煙稀少，居民謀生不易，地方上也常常出現瘟疫肆虐，村民爲求神明保佑，決議塑造玄天上帝金身，並設置爐主，分爲四組的主事，讓村民輪流擔任。因爲祭拜者日漸眾多，民宅的供奉已不敷參拜者使用，越來越多人想要將玄天上帝供奉於自己家中，因此村民決定捐出資金來建造廟宇，以防止村民之間產生紛爭與衝突。最後於 1984 年，訂位廟宇的坐向爲乙辛辰戌，取地穴爲「七星落地燕子歸巢鳳凰穴」，並進行入火安座大典。

圖27　北極殿廟景

圖28　北極殿之牌樓

圖29　北極殿內的玄天上帝像

古坑鄉　棋山玉天宮

圖30　玉天宮廟景

玉天宮前身爲供奉觀音菩薩之廟宇，至於何時以玄天上帝爲供奉的主神，已經不可考。僅能夠得知本宮的玄天上帝源自於武當山，由當地居民向某位中國人士購買，因靈績顯赫，所以村民將其迎入玉天宮中，與觀音合祀。直到 1914 年，廟宇年久失修，村民決定共同集資重修廟宇，並於該年重建完成。至 1962 年，爲了配合棋山國小遷移校址，才遷移至現今廟址。

圖31　廟內的供奉可看出觀音與玄天上帝共祀於中央

古坑鄉　受天宮

圖32　受天宮廟景

玄天四上帝從中國武當山渡海來臺，是由福建的陳興隆三兄妹奉請四上帝坐竹筏渡海來臺，從高雄一直漂流至古坑鄉草嶺石壁，因爲暫時無安居之處，所以將四上帝的金尊暫時藏在石壁石洞內。當時正處日本統治時期，日本推行皇民化政策，如有看到神像，依照政策就必須銷毀，正當日軍攻打至草嶺石壁石洞附近，有一劉姓抗日人士怕四上帝被燒毀，所以趁日軍不注意時，將金尊藏於衣服中，並且一路逃避日軍的追殺。劉氏的衣服被日軍的槍械打得稀爛，但身體卻毫髮無傷。劉氏最後跳下草嶺溪順水漂流至桶頭溪邊，離開溪水後，突然出現一隻大蟒蛇，劉氏心想應是四上帝部將，不但不恐懼，反而跟隨牠的腳步，慢慢的離開樹林，直到走出樹林後大蛇也消失無蹤。劉氏遂帶著神尊返回村莊，並將上述神蹟敘述給鄉親，四上帝的名聲因而傳遍各地。

圖33　受天宮內北極玄天四上帝像

戰後的玄天四上帝，一直居住於本庄當時的光山、景水、內館等三個村莊，每年三庄都會舉行一次聯合大拜拜，後便轉供奉於吳啓的府上。於 1977 年間吳啓決定爲四上帝建廟，村民於同年 3 月 1 日集資購廟地和動土定分金，並遵照四上帝指示雕刻六尺二之神尊，於 1980 年 3 月 1 日舉行落成入火安宅，此後北極玄天四上帝聖誕萬壽與其他玄天上帝有所區別，是定在每年農曆的 3 月初一，並於此日舉行祝壽大典。

圖34　由受天宮內向外拍的山景

古坑鄉　振興宮

圖35　振興宮廟景

圖36　振興宮內所供奉的玄天上帝像

清朝時有一吳氏來臺，在渡海前到武當山請乞香火，來臺後在今古坑鄉的麻園墾作，將香火懸於樹上，每到子時便會炫光燦爛，吳氏便請示聖意，雕塑神像兩尊，「一日老帝爺，一曰二帝爺」。恰巧村莊有人捐出住宅建廟，吳氏便請求神明供奉於廟中，但捐助者有意刁難，執意要測試神尊的靈驗程度，要求神明所乘的鑾轎需要飛越屋頂方能入廟供奉，話語剛落，四位轎夫已經抬著神轎飛越屋頂，捐助者不服氣，認為四位轎夫神力過人，需要用八人大轎再進行測試，玄天上帝大怒，決定不讓神轎再次飛越屋頂。當時圍觀群眾有來自其他村莊的村民，看到神明受辱，決定自行再建廟來供奉，便成為現今梅山玉虛宮的前身。到了日治時期，永昌村居民有感於玄天上帝威靈顯赫，便從梅山鄉迎回兩尊神像供奉，引起梅仔坑（今梅山村）居民不滿，更導致兩村居民火拼的情況，後來經過日本廳長的協調，決議雙方各奉祀一尊，「老帝爺」由梅仔坑留祀，「二帝爺」由崁頭厝迎回奉祀，紛爭才告停息。到了 1937 年，日本政府在臺灣實行皇民化運動，將臺灣大部分之寺廟及神像廢毀，並禁止臺灣人奉祀。廟宇雖被拆除，但「二帝爺」神像早就透過信徒暗中輪流奉祀，所以香火從未間斷。1946 年，村民再次合力於現址重建帝爺廟奉祀「二帝爺」。歷經四十餘年風霜，廟貌古舊失修，舊廟不合時宜，本庄善信屢提再重建之議，因而在 1987 年增購廟地，並在現址分期進行重建工程，於 1994 年進行入火安座大典。

圖37　振興宮的沿革以及和梅山玉虛宮的和解契約

古坑鄉　議天宮

圖38　議天宮廟景

圖39　議天宮內所供奉玄天上帝

本廟創建於光緒年間，當時村中僅有五十餘戶，事事和樂，村民認爲有神明相助，決定蓋廟奉祀玄天上帝和觀音菩薩等眾神。但因日本來臺後，在實行皇民化政策期間，禁止臺灣人民供奉神像，甚至對廟宇進行焚毀的行動，讓當地居民敢怒不敢言。直到 1945 年日本統治勢力離開臺灣後，居民才重新建造廟宇，並且比原本的廟宇更大更宏偉。

結語

對於臺灣人民而言，神明信仰是重要的無形文化資產，也是心靈上的寄託。但不同縣市的人民，對不同的神明就抱有不同的感情，對雲林人而言，玄天上帝是個重要的指標，整個雲林縣也並不僅只古坑鄉有密集的玄天上帝信仰，其他鄉鎮亦是如此。在整個玄天上帝信仰的發展過程，也誕生出許多的傳說與故事，包含了建廟的過程、神明分靈來臺的經過、廟宇和當地社會互動的歷史，都是重要的無形文化資產，也是與當地緊密結合的連結。歷史上的雲林，遭遇動亂或是災害時，往往都求助於他們最爲信任的「帝爺公」，而在求助的過程中，也出現不少玄天上帝顯靈的傳說，協助雲林地區的人民度過難關，更加深了人民對其信仰的忠誠和依賴。

因此，對雲林地區人民而言，玄天上帝不僅僅是一尊神明，而是與在地村落社會有著緊密互動的守護者，所以才會使用「帝爺公」這個更爲親暱的稱呼，更能顯現雲林地區人民和玄天上帝之間的情感互動。從玄天上帝的信仰中，可以了解臺灣人對民間信仰的重視程度，也能體會先民經營原本荒煙蔓草之土地的辛苦，讓我們可以藉由宗教信仰體會到應該要「吃果子拜樹頭」，重視前人所遺留的產物，並將其延續給後代子孫。

參考資料

1. 臺灣省議會洪性榮研究小組全國寺廟整編委員會編輯，《全國佛剎道觀總覽：玄天上帝特輯》，臺北市：樺林，1987。
2. 張維修，〈雲林縣玄天上帝信仰及其傳說〉，國立臺灣師範大學系在職進碩士班，2012。

9　古坑華山古厝探訪

古坑鄉的華山，一直以來都是以夜景與咖啡吸引遊客到訪，也因此讓華山隨處都可以見到咖啡館和觀賞夜景的地方。但除此之外，整個華山是否還有值得我們觀賞，或是可以更深入了解和探查的地方？

圖40-41　華山古厝一景

圖42-43　華山古厝一景

當然是有的，就在著名的華山觀止附近，有個被稱作龜仔頭的地方，那裡有著鮮爲人知的打石文化，並有一間林家古厝。不同於一般的三合院，林家古厝是林家兄弟共同居住，並且將他們的古厝連結起來，形成特殊的建築景觀。我們開著車經過一段較爲險峻且無人的山路，才到達龜仔頭，下車後剛好遇見一位熱心的伯伯，願意帶我們去找古厝的位置。他說多是登山客才會來這裡，許多剛開始練習登山的登山客都會以此地做爲起點，然後以二尖山和大尖山作爲他們攻頂的目標。伯伯還說，他們在登山前都會用磅秤來秤自己的背包重量，若是不夠重，還會從路邊撿石頭丟進背包當中，直到符合他們所希望的重量爲止，以此做爲他們訓練的目標。我們一邊聽他敘述附近的情況，一邊朝著我們的目標前進，沿途的山路並不好走，不得不佩服居住在這裡的居民有很好的耐心，願意每天走這條道路。

走著走著，我們已經到達了目的地—林家古厝。古厝的格局和我們想像中的樣子不同，與一般三合院的差別在於，它中間的正房比一般的三合院長了許多，連結起來有二十間之多，護龍則是有三側，因此形成了兩個大庭院。這樣的建築氣勢對第一次親眼目睹的人來說，可能會目瞪口呆，沒有想到在偏遠的山中，竟然會存在規模如此龐大的同姓聚落。在伯伯的介紹下，我們認識現在仍住在裡頭的林姓夫婦，他們後代子孫都已經到嘉義或是雲林市區去打拼，只有假日才會回這裡聚會。而此地由於特殊的建築構造，吸引了不少北部的學者帶領學生南下考察。至於對這裡的歷史和源起，老人家都已經不太記得了，只知道他們的上一代就已經在這裡開墾打拼，大概有八十餘年的時間，而對於更早的歷史則是一無所知。

另外還有一戶的林家老婆婆，剛好在院子前方的竹林中工作回來，看到有陌生人前來，沒有任何嫌惡，反而很熱心地爲我們介紹附近的地理和由來。她說從古厝往山下看，天氣好的時候，可以看到雲林沿海的六輕工廠所排放出來的黑煙，甚至連嘉義市區都有機會看得到。我不禁對婆婆的話感到懷疑，但連當地伯伯都點頭贊同婆婆的話，讓我不禁對當年孔夫子「登泰山而小天下」的情懷感同身受。婆婆這時候又指向我們的左前方山頭，赫然出現了一隻烏龜的頭，婆婆就解釋說這就是龜仔頭地名的由來，就是因爲有烏龜的頭突出在那個位置，因而得名。

圖44-45　古厝內部

在聽完當地居民對環境的介紹後，我們自己在庭院和房屋內四處走動。房屋的結構是以木材、石頭和竹子作爲主要的原料，看起來十分扎實，相對比現今的鋼筋結構來看，雖然硬度比較差，但製作起來較爲精緻且扎實。建築物看起來和多年前的樣貌相比，並無太多的改變，也顯示出古早的原料不一定比較劣質，經過人爲的加工過後，可能比我們想像的更爲堅固，更能支撐風吹日曬雨淋。我們也在較偏遠的倉庫中看到許多的竹子，老人家告訴我們，用竹子助燃的火所煮出來的飯菜比較好吃，秉持著慢火出細活的概念，顯示出先人的智慧影響我們的日常生活至今。

在探訪完古厝之後，我們的腳步朝著周遭其他的古厝邁進，沿途看到不少在平地所看不到的物品。例如，只有華山獨有的傳統紙寮，因爲過去華山地區種植許多桂竹林，以此爲造紙的原料，因此紙寮林立。然而在造紙機械化後，傳統紙寮逐漸消失，僅存些許的遺跡，做爲早期華山地區手工造紙活動的見證。

圖46　古時候造紙的場所

又例如傳統的洗衣石和打石的器具，也是我們在日常生活所看不到的。更令人訝異的是，附近的居民至今仍然持續運用洗衣石來進行洗滌的工作，這對已經習慣將衣服丟進洗衣機的現代人來說，很難想像仍然會有人每天拿著衣物來到洗衣石旁，不停地用手搓揉清洗。

圖47　洗衣石

在經過這一趟不同於一般觀光客的華山之旅，著實感受到與外界想像截然不同的華山。在咖啡、螢火蟲、觀光產業的背後，它其實是一個低調，且樸實無華的鄉鎮。當地居民純樸且好客，讓人可以體驗到臺灣早期農村社會的生活和步調。所以除了爲人所熟知的觀光景點之外，有空的時候，不妨再更深入華山，或許會有更多意想不到的收穫。

10 大事年表

年代	臺灣事件簿	古坑事件簿
約西元前6000年	臺灣出現舊石器時代晚期文化	
約西元前5000年	臺灣出現新石器時代文化	
約西元前4500年		雲林地區開始有人類活動的蹤跡
約西元前3070年		古坑地區的大坪頂開始有人類活動的蹤跡
約西元元年	臺灣出現金屬器文化	
1624年	荷蘭人於大員（今臺南安平）建立根據地	
1626年	西班牙人佔領臺灣北部的雞籠（今基隆），建立根據地。	
1644年	荷蘭軍隊進攻雞籠城堡，西班牙人投降。	
1662年	鄭成功攻下熱蘭遮城，荷蘭人投降，建立延平王國。	古坑地區開始有漢人移入開墾
1683年	施琅率清軍攻臺灣，鄭克塽投降，延平王國滅亡。	
1721年	朱一貴事件	
1786年	林爽文事件	

年代	臺灣事件簿	古坑事件簿
1814年		古坑地區的陳秀堂考取縣學文秀才
1860年	臺灣依序開放安平、淡水、雞籠、打狗為對外通商口岸。	
1862年	戴潮春事件	
1874年	日本出兵臺灣，引發牡丹社事件，清帝國開始重視臺灣的經營。	
1885年	因中法戰爭緣故，臺灣從福建省獨立出來成為臺灣省，劉銘傳就任第一代臺灣巡撫。	古坑地區的陳昌、陳朝桂考取縣學武秀才。
1895年	清日締結馬關條約，將臺灣、澎湖割讓給日本，發生乙未戰爭。臺灣民主國發表獨立宣言，唐景崧任總統。	柯鐵虎於古坑的大坪頂起兵抗日
1896年		柯鐵虎建立鐵國山政權，國號天運，同年發生雲林大屠殺。
1900年		柯鐵虎過世，雲林地區反抗軍勢力瓦解。
1906年		斗六公學校崁頭厝分校（今永光國小）設立，為古坑地區最早的初等教育機構。
1915年	西來庵事件爆發	
1920年	臺灣青年展開非武裝抗日運動	
1928年	臺灣總督府設立臺北帝國大學	
1929年		東和派出所成立

年代	臺灣事件簿	古坑事件簿
1930年	爆發霧社事件	
1931年		日本人引進咖啡，種植於嘉義和古坑一帶。
1937年	中日戰爭爆發	
1945年	日本天皇發布終戰詔書，第二次世界大戰結束。中國戰區最高統帥蔣介石代表同盟國軍事接管臺灣。	
1947年	爆發二二八事件	3月初，陳纂地組成治安維持會抵抗國民政府軍隊；3月中撤入古坑山區；3月底反抗軍勢力瓦解。
1949年	中華民國政府撤退來臺	
1950年		臺灣省各縣市行政區進行調整，正式設立雲林縣，古坑鄉為其下轄的二十個鄉鎮其中之一。
1951年		發生草嶺潭潰堤事件，造成修築草嶺公路的國軍共七十四人罹難。
1957年		斗六大圳完工
1971年	中華民國退出聯合國	
1979年	美國宣布自1979年1月1日起與中華民國斷交，與中華人民共和國建交。	
1987年	解除戒嚴	

年代	臺灣事件簿	古坑事件簿
1988年		5月20日，中南部農民在古坑鄉農會常務監事林國華帶領下，北上請願遊行，引發解嚴以來最嚴重的抗議衝突事件。
1991年	廢除動員戡亂時期臨時條款，動員戡亂時期結束。資深中央民代全數退職，萬年國會告終。	
1996年	臺灣舉行首次總統直選，由國民黨籍的李登輝、連戰當選正副總統。	
1999年	九二一大地震	九二一大地震使得古坑鄉草嶺形成新的天然堰塞湖，一直到2004年的七二水災才消失。
2000年	臺灣首次政黨輪替，由民進黨籍的陳水扁、呂秀蓮當選正副總統。	
2002年	SARS疾情擴散全臺灣	
2003年		雲林縣政府於古坑舉辦第一屆臺灣咖啡節
2008年	第二次政黨輪替，由國民黨籍的馬英九、蕭萬長當選正副總統。	
2014年	太陽花學運	
2016年	第三次政黨輪替，由民進黨籍的蔡英文、陳建仁當選正副總統，民進黨首次擁有立法院多數席次。	臺灣師範大學臺灣史研究所張素玢教授帶領的研究團隊，開始進行《古坑鄉志》的編纂。

後　記

進入雲林科技大學就讀前，甚至在接下本書的歷史人文篇主筆之前，我對於古坑鄉的印象跟一般人一樣，停留在咖啡和劍湖山。在接下這本書的寫作任務後，有很多機會接觸古坑的歷史，並且親自到古坑鄉進行田野調查，讓我對於古坑鄉有更多且更深入的了解。

武裝抗日、二二八事件、戰後台灣社會運動，都是過去我接觸過的議題，但是古坑鄉在其中扮演的角色，卻是較少被人所注意。藉由這次的機會，我以說故事的方式，讓人能對台灣歷史的重大事件有更進一步的認識與了解，並且透過這些故事，讓古坑鄉能夠跳脫一般人的印象，搖身變成一個充滿故事的小鎮，吸引更多的人前來拜訪，並且前來找尋這些故事的脈絡。

最後感謝人文與科學學院巫銘昌院長、林崇熙副院長和科法所楊智傑教授，讓我主筆本書的歷史人文篇；感謝跟我一起前往田野調查的朋友，以及共同編寫這本書的夥伴；當然更要感謝在撰寫過程中幫助過我的每位古坑鄉村民，你們的純樸和率眞，灌溉了古坑這塊土地，更豐富了臺灣的風景。希望在讀過這本書之後，大家都能親自來古坑鄉走一趟，親自體會存在於這座鄉鎮的歷史與生命力。

第二篇

產業達人篇

1　古坑鄉的產業發展

王新衡　撰稿

古坑鄉的地形雖然山多平原少，但當地居民懂得善用當地特殊的自然環境，種植出不少農作物。例如在平地就有種植水稻、鳳梨等；山坡丘陵地則是以麻竹、柑橘類、咖啡等做為主要的農作物。特別是古坑鄉的咖啡，不但打響了古坑的名聲，更讓「古坑咖啡」揚名海內外，成為臺灣代表性的農業特產之一。

古坑鄉的政府單位，為了推廣農作物的經濟價值，透過與農民的合作，進而舉辦許多大型的農產品活動，並且與當地的自然資源、文化資產或是傳統習俗結合，促進當地的產業和觀光發展。

古坑鄉各村落的農業概況

村落	產業
水碓村	第一級產業： 農業：稻米、柳丁、茂谷柑、鳳梨、麻竹筍、香蕉、花卉、園藝 畜牧業：養雞場、養鹿場 第二級產業： 食品製造業：竹筍加工廠

荷苞村	荷苞社區居民有80%以上務農。主要作物如下：咖啡、麻竹筍、柳橙（柑桔類）、精緻花卉（文心蘭），另外也有養蜂業。
新庄村	平地的新庄村，適合種植水稻、柳橙、鳳梨、竹筍等。小山丘地帶則大多種植柳橙、柑橘、葡萄柚、文旦、竹筍、檳榔等。
棋盤村	第一級產業：柳丁、麻竹、雞農場。 第二級產業：筍乾加工廠、圍裙加工廠。
東和村	近日因應需求轉變，大致以種植柑橘類之柳丁、竹筍為主。
高林村	竹林、柳丁、木瓜、香蕉、鳳梨、柑橘作為主要作物。
朝陽村	以柳丁、柑橘、竹筍、鳳梨、咖啡為主。目前還在開發蘭花培育的技術。
桂林村	第一級產業（農產品及畜牧業）：桂林社區的產業以農業之一級產業為主，目前社區居民所栽植的農產作物包括：檳榔、茶葉、竹筍，以及柑橘等各種水果、蔬菜栽種等等。 第二級產業：桂林社區因海拔較高，茶類品種多，近與雲林咖啡盛產地相鄰，因此鄰近民間私人咖啡加工業與茶類工廠近七間。 第三級產業：桂林社區是較單純的農業社區，因此社區也較多為少商業化的大型商店，由於鄰近皆為咖啡與茶葉產地，因此咖啡廳林立。
華南村	社區位於海拔100公尺至500公尺之間，地廣人稀，居民多以務農為業， 主要產業為椪柑、咖啡、麻竹、鳳梨、茶、檳榔、山蘇、蘭花等作物。
崁腳村	崁腳社區的產業以麻竹筍和 梨為主，1970-1990年代為麻竹筍罐頭外銷日本最盛時期，現在都內銷，還可做醃醬筍、鳳梨均行銷全省各地。

華山村	華山社區現以咖啡、竹筍、柳橙、鳳梨及花卉等產業為主，分別按產季辦理各項行銷推廣活動，個別產業特性如下： 1. 咖啡華山地區咖啡種植種類為阿拉比卡咖啡，雖已量產，但仍不足供應需求而需仰賴進口輔助，以生豆、熟豆、罐裝、三合一包裝、咖啡粉、現煮咖啡等商品為主，並搭配咖啡產業發展出各種養生料理。本地區種植之咖啡品質不亞於外來進口品。 2. 竹筍是古坑鄉的主要農產品之一，本區生產可食用的竹筍有麻竹、綠竹、孟宗竹、桂竹等，除可製作風味餐之外，尚可製作加工食品。 3. 本地區之柳橙栽培面積與產量為全縣之最，品質佳，區內柳橙產區主要集中在規劃區之西北方，依道路兩側分布。未來藉地利之便可發展為觀光果園，增加產業經營方式。 4. 本區鳳梨生產主要分布於 210 縣道旁，產期一年四季皆有。本區鳳梨主要供生果食用。 5. 花卉社區的天然氣候條件適合各種花卉的培育生產，各類花卉產品質量逐漸在臺灣內外銷市場嶄露頭角，以「外銷為主」的經營目標已成為當前經營的主要特色。
田心村	田心社區居民以務農為主，常見的作物包括柳丁、水稻、芋頭等；由於柳丁經年價格低落，也有部分柳丁農參與企業認養活動。
樟湖村	1980年代以竹子為主要生計來源，產桂竹、麻竹、孟宗竹、筍乾等，而隨著時代變遷改種檳榔、茶葉、梅、苦茶油等，農產品與居民的關係緊密結合。
草嶺村	因海拔高，農作物以溫帶蔬果為主；還有野生愛玉跟山粉圓的販售。另外，草嶺的苦茶相關產業也十分著名，苦茶籽、苦茶油更多屆入選雲林十大伴手禮。
湳仔村	舊時有糖廠鐵道經過，故有台糖的甘蔗園與周邊相關產業。現今糖業較為落沒，轉為以柳丁為主，芒果為輔的村落。

西平村	產業以柳丁、柑桔、美人柑等柑橘類為主。近期開始重視有機農業，以蔬菜為大宗，有甜菜根、油菜、青江菜、包心白菜為主。
古坑村	古坑村為古坑鄉的市區，三級產業較其他村里興盛，不過全村還是以第一級產業為主要產業。平地部分有種植稻米、柳丁、鳳梨；山區部分種植麻竹筍和咖啡。
麻園村	台糖農場地遍布其間，境內有農委會花卉研究中心、福智教育園區。農場地多由福智教育園區承租，種植有機蔬菜，生態保護良好，常見黑冠麻鷺、黑枕藍翁、綠繡眼、八哥、紅嘴黑鵯、番鵑、白腹秧雞、鳥鶖、斑鳩、白頭翁等。農業以柳丁、文旦、番石榴、西施柚、竹筍為大宗。

古坑鄉農產品相關節慶

大華山惜山祭

大華山生態祭共有三個祭典，包含春分時的惜山祭、穀雨時的告天祭和立冬時的謝天祭，由古坑山區國中、小學及民間社團合辦。

活動的本意，是要喚起民眾珍惜山林的意識，由於華山為雲林縣的重要觀光區，且以咖啡聞名臺灣，也因此往來遊客絡繹不絕，但由於過多人潮與建設，以及農業普遍所使用的農藥與化肥，皆對生態環境產生重大影響。

華山社區發展協會與休閒產業促進會，以及許多青年志工，共同發起一系列生態季活動，呼籲當地農民能減少使用農藥，當地咖啡業者能減少光害及其他干擾性活動，也希望前來參觀的遊客能僅將足跡留在步道，勿踏足其他區域，留給大自然恢復生機的空間與時間。

圖48　大華山惜山祭

桂林國小打梅季

每年清明節前後，桂林國小便會動員師生、家長及社區居民，一同舉辦打梅季活動，由學生、老師、家長一起「舉竿打梅」，並由工友媽媽教授製作脆梅的方法，爲產梅的當地才能舉辦的特殊活動。打梅活動除了寓教於樂以外，也能彰顯生命及食農教育，對全體師生而言，更是富有人文關懷的教育意義。

圖49　桂林國小打梅祭

臺灣咖啡節

古坑鄉的華山地區正位於北回歸線附近，加上日照和雨量均十分充沛，可以產出十分高級的臺灣原生咖啡。早在日治時期，日本人就將古坑咖啡當作是天皇的貢品，由此可知古坑咖啡的水平之高。2003 年，古坑鄉開始舉辦臺灣咖啡節的活動，成功帶動臺灣本土咖啡的風潮，也讓該活動延續至今，成爲雲林縣最具代表性的活動之一。

2　芭樂達人李明憲先生

陳裕杰　撰稿　　張美娟　修訂

艱辛的過去

李明憲先生於 1958 年出生，雲林縣古坑鄉人士，曾就讀於華山國小、古坑國中，但自國中畢業後，便沒有再繼續升學。李先生說：「我認識學校，學校不認識我，現在念社區大學就好了。」李明憲夫婦有四位千金。大女兒、二女兒事業有成，三女兒、小女兒目前則還在念書。而從小女兒出生後，李明憲夫婦開始在古坑鄉種植水晶芭樂。

在種植水晶芭樂之前，李明憲夫婦曾經有一段艱辛的過去。話說十七年前，檳榔在臺灣興盛一段時間，李明憲夫婦不放過此機會，開始向外地購買檳榔回來賣，剛開始賣檳榔能夠養家活口，但是檳榔產業如颱風肆虐般，一落千丈，加上石灰的檳榔讓人易得口腔癌，而隨著人們健康意識的提升，吃檳榔的人數也就大幅下降。檳榔業瞬間成爲夕陽產業，讓李明憲先生不得不尋找另一種產業維生。

尋找新起點，對李明憲先生來說，十分困難。因爲古坑有兩大產業相當興盛：一個是咖啡，另一個是柳丁。想要在這兩大產業中尋找出路，雖說不是不可能，但是沒有在地特色，想做出一番新事業，是很困難的。後來，李明憲夫婦到農會去上課，終於找到了新希望。

種出好芭樂的決心

現在市面上所見的，大多都是珍珠芭樂。上了農會課程之後，李明憲夫婦不斷思索，究竟哪種芭樂在古坑是甚少人種的呢？終於在老師的引介之下，李明憲夫婦發現到，水晶芭樂應能夠在古坑這個地方有所作爲，因爲古坑非常適合種植芭樂，就毅然決然地走上種植水晶芭樂之旅。

起初，李明憲夫婦種植水晶芭樂過程非常不順遂。一開始植栽、照顧、巡農園，對於李明憲夫婦而言，都是前所未有的考驗。當決定種植水晶芭樂時，只要遇到任何問題，李先生、李太太都會去問專家，當專家在電話中也不知道問題所在時，夫妻倆就帶著水晶芭樂的盆栽，南奔北跑，一直詢問種植水晶芭樂的技巧。雖然水晶芭樂在市面上價格相當高，但水晶芭樂的照顧，與珍珠芭樂、牛奶芭樂的方式並不一樣，許多種植珍珠芭樂、牛奶芭樂的專家，碰到水晶芭樂的問題也都相當頭痛。

但這些問題不減李明憲夫婦的熱情，李先生說過：「不可能成功的事情，我越有興趣，我一定要把水晶芭樂在古坑鄉中種起來。」因爲有這個決心，才讓李明憲先生的水晶芭樂成爲古坑鄉一等一的好水果。

果實甜美的希望

水晶芭樂對於李明憲先生來說，雖然辛苦，但是辛苦過後的果實卻是甘甜的。李明憲先生說：「水晶芭樂的產期，大約在冬季到來以前就要全部收成，它不像珍珠芭樂，每個月都可以收成。」每年的冬季，就是他們休耕的時間，一到春天，才開始剪枝、接枝。芭樂開花到結一小顆果實，需要一個月的時間。當結成一小顆果實時，必須將每顆芭樂用塑膠袋套住，才不會被蟲蛀傷到。儘管打的招牌是有機蔬果，但有機蔬果的最大困境就是會被蟲蛀。另一方面，就是芭樂長期被陽光照射，顏色就會由綠色轉成黑色，這樣的芭樂賣相就會十分難看。所以李明憲夫婦每天早晨五點半，天還未亮時，就得開車到芭樂園巡視芭樂，回到家的時間已經是太陽下山過後的一至二小時了。

水晶芭樂從套袋到結成大顆芭樂，需要三個月的時間，這三個月時間，必須靠天吃飯，李明憲夫婦說：「雖然三個月後，就能夠嚐到甜美的果實。但是，氣候是影響果實好壞的一大因素，老天爺不賞給你，就是不賞給你。上次颱風過境，整個芭樂園全軍覆沒，全部都要重新開始，所以還是希望老天爺憐惜我們。」因爲氣候會影響收成好壞，所以每次颱風形成，李明憲夫婦與女兒們都非常緊張，害怕颱風來，把所有的辛苦全部一掃而空。幸運的是，近兩年颱風都只是擦肩而過，對李先生他們沒有太大的損失，談到此，李先生也滿是欣慰。

永續經營的信心

因爲李明憲先生在種植芭樂上有所成就，所以很多人在水晶芭樂的產季，都會特地向李先生訂購水晶芭樂。李太太說:「當水晶芭樂收成時，我們和員工都會在家中開始篩選芭樂的等級，等級越高的水晶芭樂就會裝箱，宅配到各地去販售，當然價格就會比較高。但也有些消費者不介意芭樂的外觀美醜，只要好吃，就一傳十，十傳百的邀請朋友們來購買。」李明憲先生所種植的水晶芭樂，讓消費者「一吃就上癮」，甚至在斗六的上班族，下班後還特地到古坑購買李明憲先生所種植的水晶芭樂。顧客們吃的這些水果，可是李明憲先生用耐心、愛心培養而成的，所以吃起來非常甜美。

李明憲先生直言：「水晶芭樂一株植苗價約一百五十元，

是一般芭樂的二至三倍。因爲是無花授粉生長，所以果實比起其他芭樂果實更容易掉落，栽種時要非常非常用心，雖然外觀沒有珍珠芭樂好看，但水晶芭樂的口感清脆爽口，甜度值達到十三至十五度喔！」

李明憲夫婦從一開始的一無所知，到爐火純青的栽培技術，到最後將水晶芭樂栽培得有聲有色，實在不容易。經過這麼多的風雨摧折，相信李明憲夫婦能夠勇敢面對未來的考驗。儘管現在市價不好，但是芭樂就像他的孩子，看到客人吃到自己栽種的芭樂這麼開心，李明憲夫婦就更有信心，將永續經營這份辛苦琢磨的產業。

3　筍仔包達人廖碧蓮女士

陳裕杰　撰稿　　張美娟　修訂

圖50　筍仔包達人廖碧蓮女士

公益製作的筍仔包

位在古坑的朝陽社區，是個熱鬧的地方，公家機關大多設置於此。在這裡有一位筍仔包達人——廖碧蓮女士。她的筍仔包並不對外販售，只有親戚朋友，或社區有活動時，才會特地製作。這位達人目前則是在中山路賣燒仙草。

相夫教子的賢妻

廖碧蓮女士，出生於 1950 年，原本住在斗六市，在月老的牽引下，嫁到古坑。她先生原本也不是古坑人，而是雲林斗南人，因爲古坑環境優美，山川壯麗，所以於 1970 年搬到古坑居住。他們居住在古坑，已經有將近五十年之久。

廖女士早年是專職的家庭主婦，丈夫則從事印章專刻。廖女士的丈夫王先生說：「早年刻印章是純手工刻製的，先用毛筆書寫名字，再用專業的雕工製作而成。所以當時一顆印章，約需要十五至二十分鐘的製作時間；但如果名字的筆畫較多，就需要更多的時間完成。現在則因爲時代的進步，有機器幫忙篆刻，只需要十分鐘的時間就可以完成。」廖女士一直是丈夫的好幫手，在家扮演相夫教子的賢妻角色。她三個孩子現都已長大成人，大多在外地工作，只有廖女士與她的先生居住在古坑。

圖51　廖碧蓮女士平常以賣燒仙草為業

筍仔包製作的因緣

廖女士擅長家庭料理，筍仔包的製作來自於她本身的興趣。對料理有無比熱情的廖女士，常常做些小吃給街坊鄰居嘗試。街坊鄰居的婆婆媽媽們，也會提供一些料理上的寶貴意見供她參考，以促進每次的料理，一次比一次還要進步。廖女士的筍仔包，就是在這樣不斷研發、改進下，贏得無數的讚美。

廖女士說：「筍仔包的內餡，以竹筍、豬肉、蔥頭爲主，經過爆香之後，才包進麵皮裡面。」至於爲什麼筍仔包的外皮是黃色的呢？廖女士說：「外皮是黃色，那是因爲添加番薯的關係，如果單單用番薯做外皮是不會成功的，需要加點麵粉下去揉捻，讓麵皮有Q感、彈性，才能將炒好的內餡包進皮中。」包好的筍仔包還得放進蒸籠中一個小時，才能夠出爐。廖女士說：「可以用一般的瓦斯爐火，或是快速爐，蒸煮的時間都是一樣的。如果筍仔包沒有堆疊，大約只要一小時，如果有堆疊，就需要比較長的時間。」一小時過後，擺在老饕面前的，就是令人垂涎三尺、熱騰騰的筍仔包！

除了筍仔包之外，廖女士現在經營的燒仙草，裡面有粉圓、番薯圓、芋圓等配料，這些都是由廖女士親手製作。每天早上起床，廖女士就要準備製作下午要賣的材料——番薯圓、芋圓這兩種配料的製作。廖女士每次都做一個禮拜的份量，放在冰箱裡面，當配料不足時，可以隨時隨地的補充。廖女士說：「每天下午三點賣燒仙草，賣到六點至七點就收攤，有時候生意好，一下子就賣光，還得到廚房多煮一點燒仙草出來賣。每天就是早上製做配料，下午販賣，傍晚收工，作息相當規律。」

廖女士表示，他們所使用的地瓜大多引進水林的番薯。當初是因爲親朋好友有時會送地瓜、芋頭給她，但家裡只有兩個人，常常吃不完，所以就把芋頭、地瓜做成芋頭湯圓、地瓜湯圓、番薯筍仔包，讓親朋好友、街坊鄰居嚐嚐，也間接地將廖女士優質的手工製品發揚光大。

圖52　主打材料實在，無添加任何防腐，客人可以買到便宜又吃得健康的燒仙草

用愛做料理　無私地奉獻社區

隨著手工製作的筍仔包在社區打響名號，朝陽社區理事長也聞風而至，拜託廖女士開設筍仔包製作的課程，許多婆婆媽媽們因此都前來學習製作方式。當社區的媽媽學會製作筍仔包後，每當社區有活動時，媽媽們也會前來幫忙。廖女士說：「每逢大型活動，社區都要做二至三百個筍仔包，只有我一個人也無法做這麼多，好險有社區媽媽們來幫忙，才能順利完成這個大工程。」廖女士製作筍仔包時，都會先將料備好，社區媽媽只需要幫忙把料包進皮中，再用大鍋蒸煮就可以了。

關於社區活動的參與，廖女士說：「我做的筍仔包只是其中一項，還有包仔粿、醬筍、嫩薑等。例如清明節，我們社區都會辦四至五天的法會，三月底就需要做五百多個筍仔包當供品供奉，供奉完後的筍仔包就讓參加的民眾吃。」可以說，只要有活動的地方，廖女士都會無私地付出。像去年在古坑舉辦的馬拉松，廖女士與社區志工媽媽就做了一千多個筍仔包，供跑者食用。這一千多個包子，是廖女士有始以來做最多的一次。那時請了很多社區媽媽前來幫忙，廖女士也衷心地感謝社區媽媽撥冗來協助完成這項大任務，讓這個路跑的活動能夠順利完成。

期待技藝代代相傳

現在的廖女士，知道自己不可能做筍仔包一輩子，但還是希望自己能做多久就是多久。因爲對於筍仔包的製作，下一代的兒女都沒有興趣，所以未來筍仔包的製作可能會停止，期待有心人士來學習，讓廖女士的筍仔包製作技術代代傳承下去。

4 長盛酒莊負責人陳長葳先生

陳裕杰 撰稿　　張美娟 修訂

圖53　釀醋達人陳長葳先生

回首來時路

長盛酒莊負責人陳長葳先生，出生於 1966 年，畢業於東和國小、東和國中、西螺農工，並在憲兵學校完成學業（包含當兵、退伍都在那邊）。爲了增進自己的專業，陳先生前往中國廣州，就讀中國醫藥大學。陳先生現在是古坑博登國際連鎖藥局的負責人，專精在養生保健學，配合著專業技術，他所經營的長盛酒莊醋酒是以養生保健爲最高準則。

長盛酒莊是古坑鄉第一間合法的農村酒莊。長盛酒莊的釀酒廠，過去是一座麻竹筍工廠。釀醋十幾年的陳長葳先生，憑著自己醫藥大學的學歷，看到釀醋的產業能夠推翻古坑的傳統產業，便心血來潮投入一千多萬的資金，將一座夕陽產業的麻竹筍工廠，變成現在的長盛酒莊。也就是說，陳長葳先生在一座具有歷史意義的釀酒醋工廠中，將自身的專業、到屏科大學學習的釀造法以及自己在商場的經驗合而爲一，讓大眾不僅能夠吃到好喝又健康的養身醋，也能夠讓水果酒醋這項新興商品藉由外力的推廣，而眾所皆知。

陳長葳先生一開始接觸釀酒、釀醋，是爲了解決自身的問題。當初，火龍果還沒普及全臺，人們看到火龍果猶如看到稀奇珍寶一樣。許多人看到種植火龍果是一項特別的產業，便紛紛開始在菜園、蔬果園種植火龍果。但沒想到，好景不常，越多人種植，商品就會泡沫化，如同房屋一樣。

圖54　陳長葳先生與我們訴說酒莊和自身的歷史故事

因爲陳長葳先生家裡也種植火龍果，這種說稀奇已經不稀奇的水果，讓陳先生想盡辦法將火龍果創新化。他到屏東科技大學學習製酒，花了三至四年的時間不斷實驗。但是理想中的狀態與現實面畢竟有所落差，陳先生曾經倒掉二、三噸失敗的火龍果酒醋，經過一番的努力，終於打造出火龍果醋，成爲古坑鄉的一大特色產品。

水果酒醋大進擊

陳長葳先生釀製火龍果醋時，同時也發現到每一種水果都能夠釀成醋，讓大家吃得安心、喝得放心。陳先生說：「當時柳丁盛產，柳丁多到銷售不完，我看到這個現象，就免費幫他們把柳丁釀成酒醋，讓他們能夠拿到市面上去賣。」因爲這項善舉，所以現在一到柳丁產季，許多人都會拖著好幾籃的柳丁到長盛酒莊，希望陳董事長能夠幫他們將柳丁釀成酒醋，讓他們不僅可以銷售柳丁，也可以推廣酒醋這項新產品。

釀造酒醋非常成功的陳先生說：「雖然每一樣水果都能夠釀成酒醋，但某些水果還是不太適合的，例如鉀離子高的水果，較不適合釀造成酒醋。」含鉀離子的水果，如楊桃、葡萄柚、香蕉等，陳先生說：「有慢性疾病的人，對鉀離子高的水果一定要小心。」陳長葳先生對於食物鏈有一定的掌握度，不愧畢業於中國醫藥大學，釀醋加上他原有的醫學知識，對他而言，可說是如虎添翼，可以直上雲霄。

陳長葳先生說：「現在大眾所食用的醋，大多爲鳳梨醋、木瓜醋、檸檬醋。」筆者在訪談時，也跟陳先生開個小玩笑：「如果是榴槤，也可以釀成醋嗎？」陳先生說：「當然可以，任何一樣水果，都可以釀成醋，榴槤怎麼不行，只是要有人敢喝才可以啊！」這樣的回答，讓筆者有點尷尬，卻讓聽到的人哄堂大笑，沒想到每樣水果經過魔法般地淬鍊，都能夠成爲一等一的高級好醋喔！

圖55　陳長葳先生介紹酒莊中所釀造的酒

水果醋基本常識

水果醋眞的能夠減肥嗎？曾經有一篇網路新聞寫著：「喝醋減肥法曾經風行一時，日本、臺灣就流行過。將黃豆泡在醋裡，醃漬成醋豆，聲稱每天早晚吃十到二十顆，就能達到減肥效果。所持論調是：醋能提高身體的新陳代謝作用，防止脂肪堆積。但是營養專家對此都搖頭表示：目前並沒有確切的研究支持這種說法。臺大醫院營養師翁慧鈴推論，如果眞要說喝醋能減肥，可能是大量喝醋喝飽了，吃不下其他東西，或是以吃醋豆取代了平常的高熱量零食。相較之下，熱量攝取減少。不過，這種減重法無法持久，長期下來會造成營養缺乏、不均衡，大大耗損健康。翁慧鈴提醒，相反地，有些醋商品如水果醋飲料裡，會加入大量的糖來提升口感，熱量並不低。購買時，可注意成分表中是否列有糖，或是營養標示的熱量及碳水化合物含量。所以喝醋能否減肥，令人懷疑。」

對於這篇新聞，筆者也詢問了陳長葳先生的看法，畢竟醫學常識豐富的他，應該能夠回應這方面的問題。陳先生說：「喝醋其實可以減肥的，但是外面的果醋與我們的果醋不相同。我們的果醋是用水果下去釀造，水果都可以減肥了，爲什麼醋不能呢？外面賣的大多是用果精下去釀造，添加了化學商品，很容易傷胃。我們堅持以古法釀造，如同以前的人在釀酒一樣，用高粱浸泡，慢慢發酵，就會有酒味，我們也是一樣的。所以，新聞說無法減肥，其實只是對了一半而已，重點在於純 100% 的水果，還是 100% 的果精。」也就是，食用純 100% 的水果所釀造的醋可以達到減重的效果，當然，醋還有其他的成效，例如:⑴增強免疫力。一個好的醋能夠促進新陳代謝，平衡血液中的酸鹼值，促進血液的抗體增加，讓淋巴細胞抵抗外來細菌的能力增強，提高身體抗病的能力。⑵營養素豐富。水果醋中，含有大量的維生素、氨基酸、礦物質、有機酸、醋酸菌、酵素等豐富的營養素，能夠讓人改善身體不適的症狀，重獲健康的身軀。⑶鹼性食品。一直以來，醋讓人的感覺都是酸性，但其實醋屬於鹼性物質，因爲有弱鹼性物質，所以能夠防止肥胖，消除肌肉與關節的痠痛、改善食慾、治療便秘、降低血壓、消除心悸與氣喘、改善糖尿病等。⑷活化細胞。其實很多食物都需要依靠酵素幫忙才能燃燒，水果醋中含有豐富的活性酵素，當酵素與胺基酸結合，就可以幫助細胞代謝，促進血液組織與賀爾蒙的產生，進一步增加肌肉的張力與緊實度，對人體有相當大的幫助。⑸迅速消除疲勞。水果醋中的檸檬酸，可以有效分解體肌肉所引發的疲勞現象，它能夠迅速消除人體疲勞，而且有鎮定神經的作用，所以試著在運動過後喝一小杯的醋，就能夠把運動過後的疲勞感與痠痛感去除。

傳承的希望

未來的情勢，誰也無法預料。對於傳承問題，陳先生對於現在沒有人要傳承這項產業，感到非常困擾。他希望下一代的繼承人能夠從頭學起，從開始種植樹葡萄、其他果樹開始。現在樹葡萄酒正夯，陳長葳先生希望，下一代繼承人能夠先把樹葡萄或是其他果樹照顧得有聲有色，以用心、耐心磨出繼承人的特質。等到照顧果樹有一定的程度時，才能進入工廠內，開始學習挑水果、釀酒醋。俗話說：「不經一番寒徹骨，焉能梅花撲鼻香。」陳先生用這句俗語，教導下一代做事情與做人的道理。「臺上十分鐘，臺下十年功」，對於從學徒到出師，陳長葳先生也不諱言，只要三年的用心學習，就能夠出師，在這邊不會藏任何技巧，絕對會把技術全部交給學徒，但是「師傅帶入門，修行在個人」，下一代的繼承人，如何將技術融合時代的趨勢，得看自身的造化了。

陳長葳先生的長盛酒莊，是屬於股份有限公司，陳先生希望公司規範化，每個人都能掌握自己的品牌，每個贊助者都持有股份，這間公司如同自己開的一樣，繼承人不一定是陳長葳先生的兒子或是女兒。只要有能力，肯從頭學起，就達到做繼承人的基本要求。

筆者在訪談陳長葳董事長之後，發現到古坑鄉有一現象：對於農產品的銷售，每年都有一定的數量，但是如何將傳統產業經由科技的洗禮，蛻變成今日的文創商品，就得看個人的機遇了。陳長葳董事長眼明手快，很快地發現到釀酒醋這個產業，因此將這份產業做得十分出色，只要談到古坑釀酒醋，就非長盛酒莊莫屬了。

5　養蜂達人李駿璿先生

陳裕杰　撰稿　　張美娟　修訂

尋求人生落腳處

圖56　老闆李駿璿先生

李駿璿先生，是目前雲林古坑鄉友山蜂場的負責人，也是家中第二代的養蜂人。不過，李先生並非一開始就是這行的行家。從他口中娓娓道來才得知，年輕時的李先生曾經營咖啡廳，也從事過麻竹筍加工的相關工作，積攢了相當豐富的實務經驗。然而，那段歲月的摸索與開發，並未讓那時的李先生找到人生定位。直到他回頭檢視自己的「根本」，接手家裡的養蜂事業，人生才眞正有個落腳處，當時的李先生已大約二七、八歲了。

回頭承繼家業

李駿璿先生坦言，當初之所以不願意承擔家業，是因爲童年時候，曾經歷過父母因爲養蜂而長時間不在家的情形，有時甚至長達一個月都在外頭採花蜜。爲了養家餬口，父母每逢花季，都必須暫時地「放下」孩子，帶著數百箱的蜜蜂，全臺灣（依照每種果樹的開花期，而逐漸由南向北地移動）東南西北地奔波，每個定點都必須待幾個禮拜的時間，才可以讓蜜蜂完成採蜜的工作。就是因爲如此的童年記憶，才讓李先生沒在第一時間接手家裡的工作。

然而，後來李先生意識到父母年事漸高，從父母的手中接棒，無非就是想讓雙親的肩上少點擔子，而多點清閒。

圖57　李老闆的母親

養蜂人的辛苦

各行各業都有辛勞的一面。李駿璿先生提及工作上的辛苦，就像蜜蜂一樣繁忙。如何管理蜜蜂，成了當中的一門大學問。李先生說道，蜜蜂如同人一樣，需要適當且舒適的生活空間，也就是每個蜂箱的蜜蜂數量，需控管在一定數量範圍內，要不然過分擁擠的話，將導致蜜蜂的生產力降低，進而還會影響產蜜的品質。爲避免此情況發生，就得適時地將其分巢，再用人工的方式爲其「遴選」一隻蜂王，以確保蜂箱整體機能的正常運作。李先生還提到，從事養蜂人的工作，除了本身需不畏懼蜜蜂外，還得在體質上對蜜蜂的螫咬免疫。要不然過敏了，將會是一件麻煩的事。

堅持做好蜜的信念

圖58　李老闆所養殖的蜂群

李先生表示，想維持良好的蜂蜜品質，並不是件容易的事情。像從源頭把關，就是一件至關緊要的事情。李先生在很早就開始找尋可以讓蜜蜂安心採蜜的花源，他相信只要蜜蜂吃得健康，所產出的蜂蜜勢必也能讓人們食得安心。

因此，每逢花季就和父母一樣全臺走透透，由南至北，甚至連臺東都有李先生的足跡。李先生指出，他必須長年觀察當地是否有合適的野生花源地，或者大片由人工種植的果園（如荔枝等果樹）。若有，就與當地的主人接洽。

李先生理念中的「合適」花源地，就是「有機」這樣的概念。也就是必須無農藥噴灑，或藥劑的施用，如此合適的花源，才可以讓蜜蜂去採食。否則，一來，蜜蜂吃了有藥物殘留的花粉，可能導致其死亡；二來，也可能使其產出的花蜜留下毒素，而間接使人吃進體內。這是李先生從父母身上延續下來的堅持。這份讓消費者心安的堅持，是李先生做好蜜的重要信念。

樂天敬業　尊重自然

不過，近年來，自然環境的氣候變遷，導致季節的異常，直接地影響了花開的時節與花期長短，如此也擾亂了蜜蜂採蜜的作業，衝擊了花蜜的生產量。這讓養蜂人家相當無奈。對此，李先生表示，他們就是盡人事、聽天命，將本分做好，善待所飼養的蜜蜂，取之自然，就要師法自然、尊重自然。

李先生的樂天敬業，是靠天吃飯、辛勞打拼的臺灣農民最佳的寫照，也許這便是李先生能夠成為古坑當地蜂農典範的主要原因之一。

6 竹藝達人郭守發先生

陳裕杰　撰稿　　張美娟　修訂

過往的林業經驗　成為日後工作的利器

郭守發先生，竹藝界長青樹之一，在這塊屬於自身的園地裏，默默耕耘了數十年的時間，無怨亦無悔。

郭先生自幼便從父執輩手中接觸過竹子，而當時的竹子不需要太繁複的加工程序，就可以賣到不錯的價錢，因此在那個時候，談不上有所謂的「竹藝」。而且當時大多是直接以建築材料的方式運用，例如搭設竹棚或是建造竹屋。郭先生本身沒有讀過太多的書，僅有小學學歷，但在1970、1980年代，處處充滿了機會，郭先生前後嘗試了許多的工作，幾乎每份工作都讓他小有成就。據他回憶，過往最爲印象深刻的「頭路」之一，是擔任伐木工人，他從事了好長一段時日。由於當時經濟起飛的因素，使得許多地方都需要大興土木，應驗了俗語「時勢造就英雄」這一句話。由於有了早年從事林業的經驗，讓郭先生保有許多外行人並不知道的「專業經驗」，例如適當地砍伐樹木。對林木的涉獵，也奠定日後郭先生成爲菇農的契機。在聽聞友人訴說種菇的收益頗高後，郭先生很快地向其討教，並運用早年從事林業的經驗，知道如何選用適當的木材作爲植栽香菇的胚皿。因此才剛入行，便得到十分不錯的成績，令同業刮目相看。

當時僅國小畢業的郭守發，學歷並沒有成爲他的障礙，他活用各種機會，逐漸地累積出專業。除了專業，其在工作上能有佳績的關鍵因素，應該要歸功於郭先生吃苦耐勞的人格特質。

圖59　郭守發先生向我們示範他拿手的竹藝之一，竹風車的製作

軍旅生涯　助其能力的培養

軍旅生涯，是郭先生回憶起過往時的另一項驕傲。僅有小學文憑，再加上出身爲「本省人」，按照當時的「規矩」，郭先生能以士官身分退伍是件不容易的事。兩年的軍旅生活，也讓郭先生習得了諸多知識與技能，特別是在管理與領導能力。雖已事隔多年，這兩年的時光，卻是郭先生喜於向外人所津津樂道的。

2007 年，石壁社區發展協會成立，郭先生受鄉里的推舉，擔任理事長一職。這段期間，他帶領社區居民致力於社區發展，展現出社區的生命力。他也靈活運用古坑在地的天然資源，致力於打造一個人與自然能夠和諧共處的環境。同時結合境內的觀光資源，成功塑造出當地特色的社區風景，進而成爲外地人尋幽訪古的「必踩」景點之一。當中，最爲出名的莫過於在 2011 年時，所打造出「五元二角」的休閒綠廊。

「五元二角」的休閒綠廊

位於海拔一千六百公尺之高的石壁，得天獨厚的自然環境，成爲了孟宗竹林最佳的生長空間。而樂於分享的郭守發先生，深深覺得這般優美的環境應當是「獨樂樂，不如眾樂樂」。於是將他個人廣袤的孟宗竹林，打造成爲具在地人文風采的遊憩景點，「五元二角」因此而誕生。郭先生表示，名稱的由來，乃出於其所打造的涼亭「角數」，從三角亭、四角亭，再不斷地向上延伸到八角亭，甚至九角亭，最後將這些數目總合起來便有「五元二角」，是故得名。而這一切想法的發軔，都是出於早先竹藝的學習歷程。

圖60 郭守發先生親自栽種且照料的竹林，是他竹材的重要來源

師生情誼　教學相長

郭先生曾報名參與由雲林縣山線社區大學所主持的竹編課程。當時之所以有此念頭，是郭先生在兒女各自成家立業後，覺得時間不可就此荒廢，於是秉持一股熱勁，在課程開班之初就報名參加。當時的郭先生對於竹藝這方面，純然屬於興趣，對於竹編僅會簡單的手法。當時授課的講師——吳文淼先生，曾「告誡」郭先生，學習過程並不輕鬆，尤其對新手而言，需要投入大量的精神與時間，才能將基礎穩固，從而向上發展。

圖61　郭守發先生的竹藝品

郭先生回憶，當時在諸位學生當中，吳先生最為欣賞與滿意的，便是郭守發先生。原因無他，乃在於郭先生本身克勤克儉的個性，致使他在學習的路上不怕苦、不怕難，且願意投注時間與熱誠。講到這裡，郭先生不免嘴角上揚露出得意的微笑。這段師生情誼，從課堂延伸到課外，並一直存續至今。兩人不時還會私下切磋，而成了教學相長、志趣相投的忘年之交。（註：郭守發先生的年紀，稍長於吳文淼先生）

理念在社區推展的障礙與堅持

郭先生從吳先生那裡不僅學到了竹編手藝，亦感染了竹藝傳承的責任心，以及企求在現代社會中，塑造一個人與環境和諧共處的自然空間。

這樣的理念，郭先生將其貫徹在社區中，開始打造大型的公共裝置藝術。該材料均在地取材，以竹料爲基底，結合在地意象，形塑出一樣樣竹編藝術品，只盼求關於竹子的美好能讓更多人體會到。

不過，郭先生也坦言，推動的過程並非盡如人意，光靠一人之力，許多事務要落實執行是不可能的，非得要在地鄉親予以支持並協助。在地鄉親有些樂於出力相挺，而有些則是懷疑郭先生的公信力，質疑這當中是否有利益分配不均的問題存在。對此，郭先生也感到十分無奈與難過。因爲郭先生從有關當局獲得的補助，均投入在社區建設當中，而多餘的亦是回饋給參與公共工程的居民，並不像外界所稱，有所謂的「利益分配不均」的問題存在。畢竟鄉里通力合作打造的公共空間，其成果的影響並非郭先生一人而已，而是由大眾的間接獲利。

只要觀光資源得到了一定的擴充，再加上適當的宣傳，勢必能形成旅遊亮點，並帶動外來人潮的移入，進而牽動消費市場的提升。對地方而言，是一項長遠的規劃與投資，並不能短視近利的以當下收益為最大考量。這也是郭先生多年來，推展社區事務所碰到最為深刻的障礙。這樣的問題不是硬體資源的不足，而是部分在地民眾的「有色看待」。郭先生對此雖感心寒，卻不因此而退縮，繼續以他的竹藝專長堅持做對的事，堅持做有利地方的事，堅持做延續傳統的事。

竹藝是一生的摯愛

郭先生堅持所做的每件事，不是為自己博得名聲，而是無愧於鄉里的期盼與寄託，以及讓傳統技藝得以傳承。如此的使命感，才是郭守發先生堅持的原動力，也是讓他在這塊領域上，成為古坑在地堪為代表的領頭羊的原因。最後，為人豪爽的郭守發先生打趣地說，這項興趣他要一直做下去，直到將來他眼睛看不清了才要停止。可見郭先生對於竹藝的喜愛與熱誠，實非比常人所能比擬的。

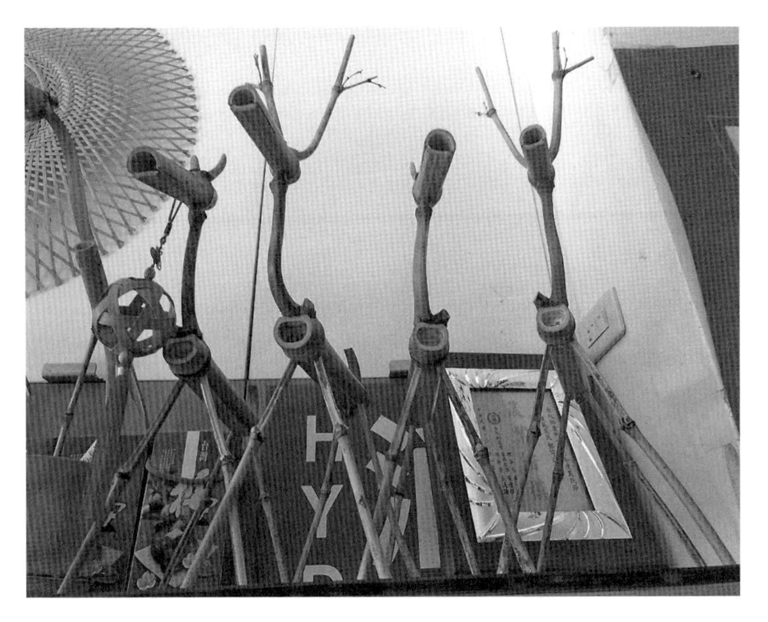

圖62　郭守發先生除了製作實用又美觀的竹藝品之外，還有這類富有童玩氣息的可愛藝品

【2016 古坑竹夢營— Part1】

2016 年 8 月 4 日至 8 月 9 日，天晴，心情亦晴

難得讓自己起了個早，這般早起，事出有因。

參與古坑鄉公所主辦的「竹夢營」活動，今日是行程裡的頭一天，於公所集合完畢，帶著鄉長的祝福便乘車駛往草嶺地區。

草嶺，舊名「番坪坑」，是目前鄉內著名的生態旅遊景點，整體而言，「草嶺風景區」境跨雲林古坑、南投竹山、嘉義梅山，海拔至高達一千七百五十公尺，古坑部分落於鄉內之草嶺村，知名的蓬萊瀑布、雲嶺之丘、九芎神木，都在其內，而這座山頭也因橫跨三縣之境，故名「雲嘉南峰」。

駕車兼解說的是，當地小有名氣的嚮導——鬍鬚哥。熟門熟路的他，領著我們穿梭於「山間小路」，確實比在沒有人領航情況下，更易領略這區域的美。

上了雲嶺之丘，呈現眼前的是，出自朱銘之手的靜態藝術品。沒見過「太極」的我，有幸於此親睹大師之作，也算開了眼界。

這時，山嵐已從四面向我們圍繞，聽說天氣允許的話，可從這邊遠眺阿里山山脈。在接受山嵐挾著芬多精的沐浴後，便揮別草嶺（順帶一提，山上的氣溫十分宜人，讓人感到相當閒情逸致）。

抵達草嶺的前一個聚落——樟湖。樟湖過往供應大量樟腦為臺灣外銷，於是遍布的樟樹曾是在地的象徵。從前，當地居民常與山林為伍，深知自然的美好與環境維護的重要。製樟雖隨社會變遷而沒落，不過村人對維持自然的那份信念，始終如一。因此，在當地甚少有人會破壞林貌，但自然界的憂患卻存在。人稱「綠癌」的小花蔓澤蘭，幾度迫害在地百年老樹。小花蔓澤蘭強韌的生存力，也讓其他的大樹處於威脅之中。對此，社區居民設法欲除此「綠害」。最後，醞釀出一道在地特色；也就是結合先民智慧，運用蔓澤蘭作為藍染原料，如此轉害為益，既可削減「綠害」，又可確保不對環境造成二次影響。這天然作法的藍染工藝，便是在地人與自然共善的理念實作，由此傳達出生態永續的「經營概念」。

　　而後，在社區理事的帶領下，走覽了桂竹林。「竹」也是古坑在地特色之一，但這部分要留待後話再續了。

圖63　竹夢營的夜晚

7 竹藝達人吳文淼先生

陳裕杰 撰稿　　張美娟 修訂

多才多藝的有機農人——吳文淼

圖64 吳老闆的竹藝創作

吳文淼先生目前在古坑鄉偏郊地方，專心經營自己的有機農場。早已退休的他，十分知足地過著自給自足的耕農生活。

這位田園間農人，同時也是一位獨樹一格的竹藝達人。吳文淼先生並非「科班」出身，大學時期就讀的是文化大學體育系，期間還曾參與體育競賽而獲得跳高項目第一名的殊榮。

輪胎廠長的歷練

大學畢業後，吳先生曾執教於高中三年，亦曾待過公賣局。接著，輾轉進入由兄長所經營的輪胎廠工作，在整個臺北地區勤跑業務，數年以後接手輪胎廠，直接擔任廠長一職。吳先生大半輩子的時間都在奮鬥事業，爲傳承兄長白手起家的輪胎事業而戮力不懈。直至事業稍有小成後，才回頭檢視自己的人生，發覺似乎缺乏了些什麼，從而追求工作以外的目標，也因如此開啓了吳先生另一條通往人生高峰的道路。

竹藝的因緣與學習

因緣際會下，吳先生報名了當時由社區大學所主辦的竹藝手工班，而負責教授的則是早年（日治時期）習業於「竹山材料工藝傳授所」（今南投縣竹山國中）的竹編耆老大師——黃竹掌。由於黃老先生的竹編技藝長成於日治時期，受過完整的日式科班教育，因而手法扎實，技巧幹練。對於每件成品的雕塑，乃至於材料的尺寸、規格，各方面條件都十分的講究與嚴格。吳先生透露，當年在竹藝班上課能獨當一面，完成一項作品，且符合黃老師要求的人，可說是少之又少。常常有些人半途中斷，打退堂鼓，沒能撐到最後結業。將大半輩子人生歲月都投入於事業，要求產品不能馬虎的吳先生，在學習竹編手藝過程中，同樣也展現了嚴謹性格。老師的要求，就好比是客戶所開出的條件一般，需想辦法努力去達成，並精準無誤，吳先生如此說道。因此，吳先生一面秉持探求人生樂趣的熱誠，一面堅持一絲不苟的實業精神，專心研習每一種從老師手上學得的技藝，自然就成了這一期學員之中，最爲出色且受老師欣賞的一位。但是，吳文淼先生沒因此而滿足或自負，希望自己的竹編手法在爐火純青外，還能精益求精，於是乎向老師請教除了編織以外的功夫，也就是編織材料的揀選與製成，這是早年所有竹編師傅入門便要學習的硬底子功夫——剝竹皮、削竹片。吳先生表示當年之所以要學此功夫，目的十分單純，便是想多了解竹的「習性」，以加深自我的習作知識。

圖65　吳老闆對我們描述他的學習歷程

竹藝的精益與傳承

離開雲林社大之後，有一回，吳先生帶著自己手做的一只竹籃子進入草嶺地區，想要尋覓適合的竹料來源。偶然的機遇下，與郭守發先生相識，郭守發見到由吳先生親手編織的竹籃相當精緻與實用，便引發學習的動機。在郭守發先生誠懇與積極的請託下，吳先生答應傳授其竹編技法與相關先備知識。起初，是以類似社區大學的模式，在古坑福德宮外開班授課，有些學員認眞，有些則是散漫。最後，仍與吳先生保持熱切的師徒互動，在竹編上展現求知若渴態度的，就僅只有郭守發先生一人了。

吳先生認為，若要成為這方面的領域專家（意指收徒並教授竹編技藝）就不得不實學精練，追求更高層次的手藝功夫。於是，自我要求甚高的他，便開始四處打聽、走訪在竹藝領域中甚為出色的大家，如竹山地區獲得傳統工藝薪傳獎的吳聖宗老師傅，以及曾入選臺灣工藝之家的邱錦緞老師，和作品被國家傳統藝術中心永久典藏的臺灣竹工藝大家——葉寶蓮女士。這些傑出的模範竹藝大師，都曾被吳先生一心向學的誠意所打動，而傳授其相關技藝和手法。

圖66　吳老闆手工編織斗笠

吳先生最後表示，在這些大家的身上所習得的，不僅僅是竹手藝的精湛技巧，更難能可貴的是學到了老師們處事待物的精神風範，像葉寶蓮老師就是內斂、持穩，少言而勤做。這種爲人做事的態度，逐漸內化在吳先生的竹編技藝之中，從而展現在他的每件作品上。

【2016古坑竹夢營— Part 2】

桂月11日併記5日、6日事，天有晴，人亦晴

翌日，一早便往環球科大移動。抵達教室後，便開始了今天的任務──「上課」。專業的竹編老師逐步說明編織手法，而首要的學習目標就是要將一片片的竹片運用技法，將其編排爲「竹球」。爲何今日的活動需要學習編織，又爲何素材是以竹爲主？這便得話說從前了。

因爲古坑與竹有著相當深厚的淵源。由於竹子的生長速度快、成熟週期短，早年即被廣泛利用作爲建材，或製爲家居日用品等。古坑，因得宜的先天條件，而大量栽種。就目前臺灣六大經濟竹種而言，當地即佔了四樣：麻竹、綠竹、孟宗竹、桂竹。其中，更以麻竹爲大宗，栽種面積之廣、產量之盛，堪爲全國之首；其竹桿可供編織材料外，亦可作爲建築、造紙之

用途。此外，麻竹筍由於加工種類繁多，如醬筍、筍乾、筍罐等都可爲之的情況下，約莫一甲子以前，便是政府大力扶植的在地產業。於是，麻竹曾是古坑經濟起飛的鳳凰，亦爲臺灣早期外銷的重要經濟作物之一。然隨著時代推進，對竹的依賴已不如從前，於是竹子方面的傳統工藝亦逐漸式微；幸好，在當地仍有一群默默爲此傳衍的老師，試圖讓此傳統技藝於當代社會風華再現。也就是在實用性之外，賦予竹製品藝術化的層次，以回應時代的挑戰。手法精巧或富有創意的竹藝品，是現今許多竹藝師傅正在努力的課題。

經過一整日的努力，終於達成任務，完成足夠編排爲「LOVE」字樣的竹球數量。此刻，全員歡喜。因爲這一切的作爲，都是爲了6號晚上的重頭戲——「竹燈夜」。傍晚時分，移師到「竹燈夜」的會場——綠色隧道，就開始著手將成果「LOVE」組裝好，安在舞台前方。一切準備就緒後，便等日頭落山，星夜升起，讓「愛」亮起來。七夕在即，將「愛」點亮，就是竹燈夜的主軸之一，這份「愛」不僅蘊含了人間彼此訴說的情愛，亦包含了在地人對土地、家鄉的熱愛。

透過「竹」的象徵，強烈地傳達兩項訊息——「生活」與「文化」。因爲對竹的經營利用，就是當地居民共同的時代記憶，也是早期臺灣民眾普遍就地取材、愛物惜物的歷史縮影。

夜晚來臨，竹燈紛紛點亮，愛的溫度也隨燈亮傳遞開來。

舞台上的演唱組合，正為七夕到來而暖身。以民歌為韻，演唱一首接一首曾膾炙人口的情歌，台下的我忽然憶起民歌推手李雙澤的〈美麗島〉：「我們這裡有勇敢的人民、我們這裡有無窮的生命」，「竹筍、鳳梨、柳丁、番石榴」。這場「竹燈夜」是古坑鄉的「初試啼聲」，我認為就如同當年李雙澤在民歌運動上所扮演的推手角色一樣，古坑正在以他們最擅長、熟悉的方式，讓臺灣年輕一輩一同了解和發現：周遭最美麗的事物往往就在你我共同成長的這塊土地上。

圖67

8　手工造紙達人林舜珍先生

陳裕杰　撰稿　　張美娟　修訂

圖68　造紙達人林舜珍先生

碩果僅存的手工造紙老師傅

對現代人來說，古坑最出名的，是咖啡、柳丁、綠色隧道。但是，你或許不知道，古坑華山地區，種植許多竹子。

以前人常說：「一雙手就能打遍天下。」這是因爲，過去是一個沒有機械的年代，大多以人力代替物力。在古坑，從前有個手工造紙術相當出名，曾經是華山居民非常重要的經濟支柱。在 1950 ～ 1960 年代，華山地區的手工造紙業達到鼎盛時期。當年，手工造紙價格相當好，走進華山各地的竹林，宛如走進魏晉時期竹林七賢的生活情境，不拘禮法、逍遙自在、清靜無爲。

然而，目前只剩下林舜珍老師傅，偶爾會依各地方寺廟的要求，以手工造紙的方式製造出一張張的黃紙，以作爲符紙使用。也就是，古坑造紙技術主要是製作神壇專用的「符紙」。在目前古坑鄉中，僅剩一位資深老師傅，將傳統技術繼續保留著。

古坑造紙，曾經風華

林舜珍先生表示，竹子的選用以桂竹爲優先，再來是孟宗竹、其他竹子。因爲桂竹製造出來的紙張會比較細滑，孟宗竹或其他竹子會讓紙張粗糙。過去，因爲華山多產竹子，所以當時古坑的造紙廠十分廣泛。

古坑靠近劍湖山那邊，竹林密布，華南、華山、桂林、樟湖等村落山坡，隨處可看見麻竹、桂竹、孟宗竹。這些竹子是造紙材料原始來源，加上古坑充足的水源，因此「紙寮」的設立，成爲過去具有優勢的產業。

林先生指出，手工造紙的紙張原是白色，加過黃色染劑後，才變成電視上道士畫符的紙張，這種紙張又叫做「粗紙」、「金紙（銀紙）」，或稱「紙錢」、「冥紙」、「罟仔紙」等。它是臺灣民間祭祀活動中，不可或缺的供品。古人曾說：「金紙或是冥紙的功用，主要是讓神明能夠有錢使用、安慰死者或鬼魂，我們多燒點錢給過世的親人使用，或是在葬儀的形式中揮灑紙錢，都能夠讓他們領取使用。」因此，當時的手工造紙，銷量不少！

但是隨著時間的變遷，竹子一一被移除，換成當時價值很好的菁仔，也就是國語所稱的「檳榔樹」。檳榔樹在過去，曾經風靡一時，但隨著時代的改變，人們已經意識到吃檳榔所引發的後遺症，導致華山現在檳榔樹的價值瞬間下跌。

到了 1970 ～ 1980 年代，機械製紙技術慢慢抬頭，手工造紙產業逐漸走下山。直到 1990 ～ 2000 年代，環保意識漸漸抬頭，造紙工廠因排放汙水，遭到環保局重罰，所以難以經營。

圖69　林舜珍先生介紹當時學者幫忙拍攝的造紙過程

圖70　林舜珍先生介紹泡竹片的池子

國寶級的稀有造紙技術

林舜珍先生的造紙廠位在華山與梅山中間的一個小村落，因為造紙廠的地被政府徵收，所以林老先生在七十幾歲時候，遷移到華山。自己買地，自己改房子，自己建民宿。現在林舜珍先生是「華山小木屋」的負責人。

談到造紙技術，林舜珍先生說：「造紙要先把桂竹剖成竹片，再以石灰浸泡半年，軟化後，以石輪添加黃梔輾碎，接著加水打成漿，攪拌均勻後再沉澱、抄紙擠出多餘水分，揭紙把紙一張張分離，最後烘紙、包裝。」爲什麼紙做出來都是黃色的呢？林先生說，因爲加了顏料的關係，本來竹子做出來的紙張是白色的，再加點黃色的顏料，就將本來潔白的紙張，染成亮黃的顏色，原因是銷售的地方多爲廟宇或是金紙店，所以林先生會將紙張染成黃色的。

近十幾年來，山區造紙產業漸漸凋零，到現在還利用竹枝來造紙的，只剩下林舜珍夫婦。他們雖然住在埔尾，但過去夫妻倆總是攜手到古厝——龜仔頭部落的手工造紙廠「做紙」。他們的手工造紙廠保有古色古香的造紙設備，如石輪、烘乾爐、濾網、造紙原料、漿槽等。林舜珍先生的造紙技術，保有宋代以來的古老製法，所以堪稱國寶級稀有技術，也是十分罕見的造紙藝術。

圖71　造紙廠中，壓紙張的機器

圖72　林舜珍先生的臨時造紙廠

共話造紙藝術

林舜珍先生十七歲時，因爲家人從事造紙行業，所以從小就跟著家人學習造紙技術，他說：「早年古坑造紙廠有幾十家，後來被機械生產及進口取代，古坑造紙業就沒落了。」宣稱退休的他，之前還是在古坑教遊客如何造紙。

林舜珍先生已有八、九年時間，沒有親自手工製紙了。但還是有顧客上門來買紙張，甚至有些人還拜託他繼續做。雖然家中有工具，也讓他有重操舊業的念頭。但是隨著年紀越大，體力也一年不如一年，心有餘而力不足，同時，家人也因爲林先生的身體，反對他重操舊業。現在林舜珍先生已經沒有教授紙張的製作，但民宿旁的臨時造紙廠依舊可以參觀，因爲林先生的孩子希望他能夠多休息，不要再做事了。所以，現在上華山無法向林先生學習造紙技術，但是仍可以和林先生一同談論造紙的精神與價值！

9　木雕達人莊新利先生

陳裕杰　撰稿　　張美娟　修訂

木雕上的題字　來自童年的教育

圖73　莊先生如數家珍地向我們細細介紹他的作品

現已高齡八十多歲的莊新利老先生，是目前碩果僅存的國家薪傳獎認證的木雕大師之一。採訪之始，老先生表明，自己並沒有接受過正式的國民教育。所有的基礎教育都是在日治時期完成。他說道，童年時候父親對教育相當重視，雖受異族統治，但文化的根不能斷裂，因此安排莊先生進入私塾就讀，幫他找了漢文老師，而念了幾年的傳統漢書。因此正楷字的書寫，難不倒莊老先生。這使得琳瑯滿目的木雕作品中，部分上頭還有莊先生十分標緻的書法題字。

唯一的恩師，是父親

莊先生的本行並不是木雕，今日所有的成就都有賴於父親的啓蒙。莊先生的父親是一名建築師，童年的莊先生時常跟在父親身旁，進出建築工地，從小對「蓋房子」這件事就耳濡目染。也許正是因爲這樣的家庭背景，長久下來，莊先生漸漸對建築產生興趣。於是，少年時期的莊先生，有一回就要求父親，將工地裡需要泥作的磚牆，交由他來砌。但父親認爲，這樣的工作事涉專業，如果沒受過相關的訓練，是很難獨當一面。但是，莊先生並沒有因此放棄這樣的念頭，他想證明的，無非就是這麼多年來，他跟在父親身旁的「觀摩」經驗，已足以讓他牛刀小試了。於是，一大早，莊先生趁著天才剛破曉，就獨自一人拎著作業用的工具，跑到了父親專責的建築工地，看著昨日父親已砌好的其中一面牆「依樣畫葫蘆」，憑著一己之力和觀摩而來的經驗，將剩餘的三面牆都給砌好了，而且完成度不輸給職業級的父親。據稱，事後父親來到了工地，莊先生望著砌好的牆，得意地面向父親展露笑容，這時老先生的父親也就沒有多說什麼了。

爾後，莊先生便一路從事建築相關事業。建築工程的承攬或建案的設計與營建，通通由莊先生一手包辦。當中細節，包括了建築物外觀和結構上的設計與規劃，以及建築材料的選用和工地的人事管理等等，這些學問都是莊先生憑著早期對建築的興趣與了解，逐漸摸索出來的。若真要說起來，莊先生完全沒受過相關的正規教育，唯一的恩師便是父親。

最得意的建築作品

老先生表示，至今最得意的建築作品有二，首先是劍湖山世界開園初期的原木入口、園內的童話寶塔和咖啡博物館等。然而若干年後，園方「不經告知」，就將他當年的設計與建築心血，通通毫不保留地拆除。當初的用料都是一等一的，且設計上亦花費諸多心力，倘若拆除後，能另找他處作留存，他亦感到寬慰。然而卻事與願違，如今只剩照片可供追憶。

再來是當年因地震而毀損的古蹟——古坑役場（日治時期的古坑鄉公所）。由於莊老先生是目前古坑境內，數一數二的「國家級」建築工匠。因此，那時的鄉長林慧如，便來請託他幫忙修葺。雖整體建物是日式木造建築，但這難不倒莊先生。

因為早期的建築均以木造為主，而木工可謂是莊先生的「本科絕活」。可是日治時期建築設計藍圖與結構測量圖等，這些與建物本身相關的「說明書」，都已經亡佚，也沒有留下相關影像紀錄，前鄉長林慧如一度擔心古蹟無法如期的修復，然而莊先生向她保證，一個月左右的時間便能全貌修葺完成。因為這棟古蹟在全毀以前，莊先生已參與過一次的修繕工程，對役場的外貌、內部陳設、裝潢、構造等細節，都瞭若指掌。於是讓古蹟風華再現，就莊先生而言，絕對不是問題。

也許就是對建築的熱愛，致使莊老先生可以對每棟房子、建物都「過目不忘」，甚至是難以一窺究竟的內部結構設計，莊先生都能憑著對外部構造的理解，進而推敲出建物內在的結構展現。莊老先生自從業至退休前的那段歲月，其經手過各式大小的建案，設計並建造各類的建物。因此「經驗老到」，自能憑肉眼，就能在腦中浮現建築背後的結構藍圖。

圖74　莊先生拿出他早年從事建築工作時常用的工具之一，向我們演示相關的建築工法

用一種方式讓古蹟保存

退休後的莊新利先生，雖過著賦閒生活，卻沒讓自己的腳步停下來。他開始走訪臺灣各地知名景點，起初只是單純的走馬看花，卻有一次在屏東當地的古城中，想到這樣美麗的老建築，倘若有一天真讓它走入歷史，那該怎麼辦？

於是，莊先生便興起了將古蹟「縮小」以永久保存的念頭。返家後，便著手設計，最後的成品便是擬真度極高的古蹟建物。接著越做越感興味，於是「欲罷不能」的莊先生，開始替自己規劃一連串「深度旅遊」。先後走訪臺北的中正紀念堂、淡水紅毛城、臺南赤崁樓、安平古堡、彰化孔子廟和高雄聖母堂等國內古蹟景點，目的就是要憑自己雙眼和雙手，打造這些跨越時空、屬於不同時代人們的集體回憶。

這些老建築反映著不同時代下的市井小民生活，也是前人古聖所遺留的重要陳跡。莊先生認爲，他以木雕來對古蹟進行保存，有兩種動機。其一、自身的興致在推使他前進。其二、便是文化傳承與發揚的重要性。這些珍貴的老建物，可能因爲人爲或天然的因素，隨著歲月的掏洗逐漸凋零、流逝，甚至被歷史洪流所吞噬掩埋。但有能力的莊先生，認爲他不可就此消極面對，而是以一種積極的態度、行動來實現古蹟的保存，好讓子孫後人明白前人生活的樣貌。也因此，我們可以在莊先生的工作坊瀏覽到他早年所創造的一件件精美作品，其唯妙唯肖，讓許多專業人士驚嘆三分。莊先生表示，已有許多人士來拜訪並請益，其中包含專業的建築系教師與學生。他們最感興趣的是，目前莊老先生起居的房舍內部梁柱構造，其銜接的部分竟然不需耗費鋼釘或螺絲，便能牢牢地固定住兩端，並且能夠承受來自建物的上端壓力。這樣標準的「榫接法」，縱使是目前執業的建築師或相關的建築學者，都沒辦法輕易領悟與上手。

圖75　莊先生的大型作品之一，亦是他旅遊過的景點

期盼文化薪火相傳

莊先生亦熱心地向我們解釋「榫接法」背後的設計原理，這是他早年從事日式木造建築所摸索出來的「拿手絕活」。雖然很難領悟箇中奧妙，但從莊先生的堅定神情，可知曉一項信息——他十分熱愛他手上的事物。最後，莊先生向我們表示，直至目前爲止，最令他煞費心神的一件心血之作，就是總統府。

當時適逢 2008 年總統大選，彼時參選的前總統馬英九先生來到古坑拜訪耆老，當中便走訪了莊先生的住處，莊先生便向他展示多年前完成的總統府模型。馬英九看了之後嘆爲觀止，莊先生當面表示若當選，將要以此模型作爲賀禮，一同陪伴馬英九進入總統府。最後，果眞如願以償，這事蹟還一度在地方傳爲佳話。

莊先生於古坑鄉朝陽社區所設置的免費展覽館，麻雀雖小，但五臟俱全。他所有的作品，雕工細緻精美，均無私地呈現於世人眼前，有時還提供給公部門作爲展覽使用。莊先生一心盼望，現代人們能對傳統建築工藝有更多的了解與熱愛，以達文化薪火相傳的美意與責任。

圖76　莊先生憑著經年累月的建築經驗，都能將他曾到訪過的景點，以木雕的方式刻劃得栩栩如生

10 手工檜木桶達人
盧海俊先生

陳裕杰　撰稿　　張美娟　修訂

圖77　手工檜木桶達人盧海俊先生

鼎鼎有名的手工檜木桶師傅

在古坑鄉朝陽社區中，有一位七十幾歲的老師傅，用檜木製造出健康、無化學元素的檜木桶。因爲技術了得，有許多學徒都曾經到古坑鄉找他拜師，他就是盧海俊先生。盧先生過去就讀於古坑國小、斗六國中夜校，現在雖已高齡，仍然爲大眾製造著檜木桶，讓訂購的人都能夠擁有健康的身體。盧海俊先生的檜木桶，在古坑這個地方可以稱得上鼎鼎有名。許多古坑的人都會跑來這邊，向盧先生訂做檜木桶。

三代流傳的製桶技術

盧海俊先生從十二歲開始，就跟在阿公、爸爸身邊學習製桶技術。當時的檜木桶，對於古坑鄉居民來說，十分重要。檜木在臺灣已成爲瀕臨絕種的樹木。所幸，盧海俊先生的阿公，當時就買進一大堆的紅檜，到現在仍然用不完。當初阿公與父親用心做著檜木桶，不管大大小小，都有人上門來購買。盧海俊先生就跟著父親，學習製造木桶的精髓。「只要認眞學三年，就能夠出師」，盧先生用一種堅定的眼神說著。因爲家裡奉祀「北極玄天上帝」，他所追求的是不迷信，只要有錯，就該懲罰，領著做人處事的道理。盧先生教學徒絕對不藏步，這就是盧先生做人之道。

雖然當時不假思索地承接家傳產業，但因爲科技越來越發達，手工技術早被機械取代，導致手工製桶變成夕陽產業。盧海俊先生爲了維持生計，得另找副業。於是，盧海俊先生在古坑綠色隧道附近，種植了咖啡園，從種豆、栽培、採豆、烘培，樣樣都自己來。盧海俊先生說道：「在古坑咖啡還沒有成名前，我就已經開始種咖啡了，種了數十年之久。家裡雖說做檜木桶，但時好時壞。人都有高潮、低潮，在低潮時期就種咖啡，好讓我們一家能溫飽三餐。」從盧海俊先生的言語中，可以發現過去檜木桶銷量大減，明顯的影響家計。即便如此，對於已經接觸了五十多年的檜木桶，盧海俊先生仍有追求發揚光大的希望。

圖78　盧海俊先生的製桶工廠，現在只有做客人預訂的

爐火純青的製桶技術

木頭有分好與壞，但要如何分辨好的木頭與壞的木頭呢？

盧海俊先生說：「要做桶子，嚴選木材是最基本的功夫。選擇木材，除了看顏色、聞氣味之外，最大的關鍵就是『經驗』。唯有多次的經驗，才能分辨出木材的好壞。」木材顏色看久了，自然就會選得好。

盧先生認爲，臺灣檜木的紋路相當美，味道清香，最適合拿來做桶子。檜木在過去，是老一輩的生活用品。雖然，這年頭使用的人較少，盧海俊先生依然使用傳統古法製造，做法十分費工。木桶所講求的是一個正圓形，要一位外行人用圓周率去算木板的寬度，是非常困難的。看似簡單的角度裁切，也是門學問。師傅累積十幾年的功夫，靠著自身的經驗與已經做好的尺寸樣板，依樣畫葫蘆的方式裁切好木片，這些木片還必須經過拋光，才能進行組裝。盧海俊先生說：「木桶的接縫要刨得直、刨得平，角度要抓得準，做起來，合起來，水才不會漏，木桶做出來才會美。」筆者看到師傅一次又一次的刨光，檜木光滑細膩，材質相當好，呈現極致的狀態。但師父說，這也是危險的環節，一不小心，手指就有可能被削斷。盧海俊先生說：「曾經因爲要趕工作，板子移開，手就被割到了。」職業傷害在所難免，有了一次被削到手指的經驗，他時常提醒自己，每個環節都要全神貫注，檜木桶的製成要注意的事項非常多。

在組裝桶子時，也是一門大學問。盧海俊先生說：「桶子要量，就是要量桶子的圓周率，假設這個桶子直徑是六十公分，要算出六十公分的三方對立的角度。」算出角度，刨光磨出細緻度，接著在木片的兩側，鑽上兩個圓孔，進行組裝工程。盧海俊先生所製造的檜木桶，不用化學物品，完全用小木釘來固定。只要刨木材的角度抓得直、抓得好，角度準，做出來的桶子就不會漏水。盧海俊先生在這一行，經過了五十幾年的經驗琢磨，儘管機器是從阿公、父親所遺留下來的，但隨著時代的轉變，盧先生也不得不將機器稍微改造，增加製造木桶的方便性。

圖79　盧海俊先生用照片介紹他以前所做的成品

年事已高，手工木桶製作現斷層

因爲盧先生的年紀已高，現在想要完成一個橡木桶，最多要兩三天的時間。盧師傅重視細節的修飾，手藝相當好，過去很多學員找他拜師學藝。但是因爲時代的變遷，現在傳統產業早已沒沒無聞。盧海俊先生說：「有人想學就會學。不然現在的人，一代接一代，智慧這麼好，他們會自己研發，已經不用煩惱了。不用煩惱，順其自然，自然就好。」

看透時代的轉變，使得現在使用檜木桶的人漸漸變少。因此，面對辛苦做出的檜木桶，但購買率大不如前的現象，師傅以平常心看待。只要有人需要檜木桶，不管多大，只要給他時間，都能爲人專門量身訂做。但是檜木桶的保存期限究竟多久呢？盧海俊先生講到：「檜木桶最怕的就是又濕又乾的環境。只要又濕又乾，本來可以存放五十年的東西，馬上就會變成不到十年了。」外面的檜木桶大多用化學藥物來製作，但盧海俊先生的檜木桶仍以傳統手法製作。以檜木桶拿來洗澡、放壽司米飯，都會讓人覺得很健康，有大自然的味道，這就是盧海俊先生所追求的。他說：「現在吃的、用的、穿的，哪一樣沒有染毒，唯有這個檜木桶，是以天然的姿態呈現在大家眼前，讓大家可以放心使用。」

儘管學習古法、製造檜木桶的學徒銳減，不過值得慶幸的是，盧海俊先生的兩個孩子都有承襲到父親的手法。盧先生說：「現在讓他們做一個完整的木桶，已經是沒問題的了。」談到未來，兒子是否會接手父的親產業，盧先生以隨緣心態面對這事。這樣的心態令人感到相當灑脫，但同時，令人感到擔憂的是：這間工作室的未來將成一個未知數。雖然有許多學徒曾經到此拜師，但是這間店面對於盧家來說，是三代傳承的店面。希望下一代，能夠繼續讓工作室傳來檜木的芬芳，延續三代傳承的佳話。

11 昆蟲達人李契螢先生

王政中 撰稿

國小的時候，自然科學的其中一堂課，就是要同學們飼養毛毛蟲和蠶，一直培養成蛹，然後到羽化成蝴蝶和蛾後，再將牠放生到大自然。當時班上很少人有辦法一直養育到最後成爲成蟲的階段，不免會成爲童年時期的遺憾，但現在在雲林縣古坑鄉，就有一處可以欣賞到蝴蝶與蛾的生態園區，同時是一間餐廳，可供人休息與用餐。餐廳的老闆李契螢，同時也是古坑華山休閒產業促進會的理事長，透過與他的採訪和對話，讓我們對古坑的生態有更進一步的了解。

皇蛾

李契螢理事長雖是以經營「桂竹林」餐廳爲主業，但十分關心古坑在地的生態、產業、觀光等議題，除了擔任理事長外，更主動去復育當地的生態資源，他在園區中所培育的皇蛾就是個範例。皇蛾大約在五月中旬破繭，開始交配產卵，十天小蟲就出生，飼養三十天後就會變成蛾，一年有三個週期。皇蛾屬雜食天蠶科，無毒，牠的食物很多，有茄苳葉、番石榴葉、鴨賞樹葉、蓮霧葉、楊桃葉等，經過二十八天後即會結繭。成蟲後的皇蛾口部器官會脫落，因此不能進食，僅能依靠幼蟲時代吸取在體內的剩餘脂肪維持生命，所以經過一至兩個星期後便會死去。

戰後的1970年代，臺灣素有蝴蝶王國之美譽，皇蛾及蝶類給國家帶來很多外匯收入。因爲野外的蝶類與蛾數量有限，所以開始有人，包含理事長在內，開始進行人工飼養，之後更進一步實行人工培育，第一次就成功的復育五百隻，曬乾之後拿到埔里蝴蝶加工廠去製作成標本。蝴蝶加工廠在製成標本後，大部分銷往日本和歐美國家。但是在臺灣蝴蝶標本被政府禁止外銷後，因爲已經無利益可圖，便不再有人養育皇蛾。直到某一天，理事長在他家旁邊的鴨掌樹上看到五個皇蛾繭，認爲自己仍然放不下培育皇蛾的熱情，加上古坑山區的野生皇蛾數量漸少，就重新開始培育數百隻皇蛾，並提供小學生做爲生態教育的活教材，同時讓遊客目睹世界最大的皇蛾與皇蛾幼蟲。

圖80　皇蛾的一生

由於我們採訪時間是七月，不算是皇蛾活動的季節，只有看到餐廳前的樹上懸掛著皇蛾的蛹，活像是要掉下來的枯樹葉，經過理事長的解說才知道那些是皇蛾的蛹。雖然無緣一睹皇蛾的風貌，但理事長卻讓我們看到更壯觀的生態畫面。

紫斑蝶

隨著理事長的腳步，我們來到了餐廳後方的小山坡，只看到理事長拿起手中木棍，往茂密的草叢中一揮，上百隻的蝴蝶開始翩翩起舞，布滿整個小山坡，蔚為奇景。對我們這種在都市出生成長的小孩來說，這種景象大概只有在電視和課本中才見得到。臺灣地區的紫斑蝶十分特殊，屬於越冬型，是特定種類的蝴蝶。爲了越冬會大量聚集在一個棲息地，通常都是在山谷之中。臺灣的紫斑蝶分布於北迴歸線以南五百公尺以下的高雄、屏東、臺東縣低海拔山區，特別是高雄茂林地區，是世界上少數能與加州的帝王斑蝶谷並列的紫蝶幽谷。紫斑蝶在一年之中，會有三次大規模的遷移，第一次是南部越冬，個體在每年三、四月清明節前後的第一次遷移；五月中至六月初各地新羽化第一代紫斑蝶進行的二次遷移；每年十月國慶日前後的南遷渡冬。

圖81　紫斑蝶

理事長表示，古坑鄉位在紫斑蝶季節性的遷移道路上，每年清明節前後，紫斑蝶會從高雄茂林北遷繁殖，沿途過境雲林古坑、林內等地區，理事長便於餐廳後方的山坡上，種植高士佛澤蘭，一種紫斑蝶喜愛的蜜源植物。每年六、七月是花朵盛開的時期，就會吸引蝴蝶前來採蜜和繁衍後代，所以除了紫斑蝶之外，也有許多其他種類的蝴蝶會被吸引至園區，而且一直到十二月，都可以在園區內看到紫斑蝶的蹤跡。從紫斑蝶飛舞的景象中，可以看到理事長驕傲的笑容，很滿意自己的生態復育，不但製造了古坑華山地區的商機，同時也讓古坑的生態文化更加的多元。

圖82　隱身於花叢之中的紫斑蝶

螢火蟲季

理事長同時也跟我們介紹古坑最爲知名的螢火蟲，每逢三到五月的賞螢季節，總是吸引大批外地的觀光客，爲的就是要一睹螢火蟲的風采。但人類對環境的破壞，以及對生態保育的忽視，慢慢地侵襲了螢火蟲的棲息地。每年四到五月，因爲華山地區環境不受污染，加上屬於低海拔山區，成爲外地觀光客最常光臨的賞螢景點，其中最多人拜訪的是華山的山豬湖。剛來雲林讀書的學生，都會被告知這個賞螢地點，也讓山豬湖成爲新生一定會前往拜訪的熱門景點。

古坑鄉利用當地環境所孕育的螢火蟲作爲吸引觀光客的題材，雖然人潮和錢潮蜂擁而至，但也因此付出了代價。環境生態遭到遊客們嚴重的破壞，有些遊客甚至想把螢火蟲裝進塑膠袋帶回家養，嚴重地影響了螢火蟲的生態和他們的繁殖習性。例如草嶺的山峰國小，本來年年會舉辦的螢火蟲季，因爲不堪遊客們的破壞，致使螢火蟲數量銳減，而於 2015 年停止舉辦，爲的就是重新復育螢火蟲。

再造新家園

螢火蟲會逐漸消失的原因非常多，不外乎是環境開墾、農藥過度使用、垃圾過量導致環境污染等，另外像是光線太明亮會阻礙成年螢火蟲的交配過程，甚至是野放螢火蟲的行爲，都會導致螢火蟲族群數量的減少。

對古坑鄉而言，近期發生更嚴重的情況，就是違反法規的濫墾開發。在古坑鄉樟湖國中、小學對面的蛇皇洞前，原本是片林地，但有不肖商人爲了利益，濫墾林地並且種植苦茶樹，造成約一公頃的林地面目全非。這塊林地原本是一名李姓男子向國有財產署承租，而他在原本的租約到期之前卻轉租給蔡姓男子，蔡姓男子打算種植苦茶樹，但是在未過戶前他就前往開發整地，警方依竊佔國土、違反水土保持法等罪將嫌犯移送法辦。在螢火蟲生態已經遭受一定程度破壞的古坑，又有如此大規模破壞螢火蟲棲息地的事件傳出，無疑是雪上加霜。經過此一事件，已經有立委提議修改森林法，認爲需要有森林資源的盤點清算以及完整的林業政策白皮書，才能讓森林兼顧國土保安、生態保育與經濟發展。

螢火蟲本身就是需要良好的環境才能生存，進而繁衍後代，牠對其棲息地較爲講究。過於乾燥、隱匿性不高和光害太強的地方，螢火蟲基本上都是難以生存，即使有些個體能夠適應，群體的規模仍不會太大。所以要維護螢火蟲的家園，首要目標就是維護現有族群的環境，而要維護的幾個關鍵，首先是要停止環境周圍的土地開發，環境維護就是要讓螢火蟲的群體，特別是幼蟲得以在一定的空間內生存，且能夠避免施工時的噪音和帶來的汙染；再來是禁止化學藥劑的使用，因爲螢火蟲對於化學產品十分敏感，就算是含量輕微的農藥或是殺蟲劑，都會造成螢火蟲的死亡，甚至是族群滅亡；另外最關鍵的，就是照明的部分，因爲螢火蟲的求偶，都是倚賴著自行散發出的光來吸引異性，若有太多的光害存在，會影響螢火蟲的求偶過程，進而導致他們無法繁衍下一代。綜合上述的要件，才能夠經營出專屬於螢火蟲的家園。

民宿業者現在都以分批的方式，帶領遊客們進入山區賞螢，一方面可以控管遊客的品質，另一方面也可以把對螢火蟲的干擾降到最低。這可以說是作爲螢火蟲復育的重要措施，在替螢火蟲季宣傳時，也不忘提醒遊客們應該遵守的規則，否則可能導致日後無螢可賞。

永續發展

培育以及養殖，本來就不是件容易的事情，李契螢理事長有如此的耐心與毅力，著實令人十分佩服。而理事長的想法，除了要促進古坑當地的產業發展外，同時也希望能夠經營良好的生態環境，保持物種的多樣性。若是要模仿其他一夕爆紅的鄉鎮，隨著人潮而來的不只是錢潮，更多的是髒亂和對環境的破壞。唯有用心經營地方社區，並且兼顧環境和在地特色，才能夠讓觀光產業細水長流。從理事長的訪談與交流中，我們看到臺灣人對家鄉土地的熱愛、對生態環境的守護，以及對地方經濟的推動。不只古坑鄉，臺灣其他鄉鎮也應該要有這樣的認知，才能讓臺灣土地上的資源不再被隨意破壞或濫用，而是有一定程度的使用，並保留給後代的子子孫孫，達到永續的發展。

12　咖啡達人劉易騰先生

陳俊霖　撰稿　　張美娟　修訂

精心製作咖啡

圖83　劉易騰先生所經營的咖啡廳

位於古坑鄉荷苞村的谷泉咖啡莊園，是劉易騰先生悉心經營多年的成果。劉先生憑藉著對咖啡的了解與熱誠，細心照料與呵護園區裡三千餘株的咖啡樹，全程以無毒有機的栽種方式，培養起一棵棵果實纍纍的咖啡樹，再親自揀選、炒豆、烘培、烹煮；也就是劉先生一手操辦咖啡製作的每一環節。因爲劉先生希望，以如此講究且負責的態度，來回饋每一位從他手上接過咖啡的消費者。

臺灣咖啡的起家厝：古坑

谷泉咖啡莊園有著現今的成就與口碑，其背後的原因，便要從劉先生的心路歷程談起了。

剛邁入社會的劉先生，離鄉背井來到臺中工作，前後經歷塑膠模具、房地產和電鍍等行業。在二十八歲時，劉先生離開臺灣，遠赴中國大陸，從事鞋材的代工。這一待就是六個年頭，最後因整體大環境的轉變，選擇急流勇退，結束在中國大陸的經商，回到自己的家鄉——古坑，並嘗試爲當年尚屬純樸的務農小鎮，帶來些許的變化。而引領這變化的，便是咖啡。

咖啡和古坑，有著如臍帶般的密切關係。「咖啡」，可以說代表古坑的意象之一，其成了在地人的集體記憶。咖啡與臺灣的歷史淵源，大抵可追溯至荷治時期。當時由荷蘭人引進少量的咖啡樹種植，而生產出的咖啡因僅限於荷蘭人內部飲用，所以未形成一股氣候。咖啡眞正與臺灣人產生「互動」的時間，要往後推至日治時期了。

時値 1931 年（日治昭和 6 年），日人有計畫性地從巴西引進阿拉比卡種咖啡，並從咖啡生長的適植性，挑選了臺東、花蓮瑞穗、雲林古坑與南投等地作爲試種，經過測試與觀察後，發現雲林古坑的華山地區（尤指荷苞山一帶）相當適合栽種咖啡，其品質精良，而成爲獻於天皇的貢品。獲得了如此具指標性的成功之後，日人開始於古坑大量栽植咖啡，面積一度廣達上百頃，全盛時期，還有著「遠東第一大咖啡工廠」的名聲，儼然形成一股成熟且具系統性的咖啡產業。

二戰結束，臺灣光復後，國民政府接續日人的腳步，經營已具相當規模的咖啡事業，繼而延續日人的產業基礎。1960 年代左右，在斗六地區，建設起一座堪稱全亞洲最大的咖啡工廠，使得雲林一度躍升爲全臺的咖啡加工樞紐，此時，咖啡所帶來的經濟效能，其光景無人可比。

圖84　劉先生所種植的咖啡樹

擔負家族重任，全方位學習

劉先生與古坑咖啡的淵源，便是從日治時期開始的。當時劉先生的祖父母曾在日人的手下管理咖啡樹，其父親便在如此的環境下耳濡目染，而對咖啡的種植與咖啡豆的揀選，有著一定的了解與認識。在光復後，劉先生父親便開始經營屬於自己的咖啡果園。

1964 年，適逢建國五十週年，舉國上下歡騰慶祝。古坑當地為響應如此氣氛，而舉行了「咖啡小姐」的選拔活動。脫穎而出者，將可為「古坑咖啡」代言，而最後獲勝者是劉易騰先生的姑姑。

之後，國內經濟結構轉變，再加上國人飲用咖啡的習慣尚未普及，古坑咖啡便隨之沉寂。直至 2003 年，古坑鄉以觀光結合產業的方式，嘗試舉辦「咖啡節」活動，沒想到初試啼聲，便獲得各界的好評，再加上政府的宣導和鼓勵，當地的咖啡農又重新種植產銷，從而擦亮「臺灣咖啡的原鄉」招牌。

結束在中國大陸經商的劉先生，因父親的年歲漸長，出於為人子的孝心，劉先生不忍其勞累，便毅然決然地接手管理這片由父親細心照料多年的咖啡果園。劉先生當時以一位零起點的學習者身分，報名了咖啡課程，用了兩年的時間，學習咖啡相關的各種專業知識，從種植、選豆、烘製、煮泡，到店面的陳設與行銷，可以說全方面地學習一位咖啡莊園負責人所要具備的技巧與知識。

傳承咖啡歷史文化

因家人和咖啡有著深厚的連結，同時又是古坑出身的在地人，這樣濃烈的情感，使得劉先生本人對於「咖啡」的看法，就不僅只是「商品」而已，而是視之爲在地文化的象徵，與親情血性的記憶凝結。所以，每當客人踏進莊園那一刻起，便能感受到劉先生對待咖啡的「執著」。若駐足的時間夠長，他本人亦會向你娓娓道來關於莊園與古坑咖啡的歷史淵源。這樣深度且獨門的產銷方式，引來了餐飲圈內人的注意。於是，向劉先生「取經」者紛沓而至。不論是在學的餐飲科學生，還是知名的咖啡連鎖事業員工，劉先生都會大方地向他們展現自己的經營理念與方式。除了宣傳自家的咖啡品牌外，更是向世人大力推廣在地種植的古坑咖啡。

被劉先生奉爲圭臬的一項信念，是傳承「咖啡歷史文化」。也就是他手上一杯杯香醇的咖啡，所蘊涵的不只是他個人手藝而已，更是古坑這片土地的文化。一杯道地的古坑咖啡，要能夠「雕塑成形」，是咖啡農的心力結晶；而谷泉咖啡莊園，僅爲在地咖啡的一小縮影而已，在古坑還有無數的咖啡農堅守崗位，爲古坑甚至整個臺灣的咖啡產業默默打拚。

圖85　研磨咖啡的器具

後　記

陳俊霖　撰稿

「雲林」於我而言，本是陌生的地方。早期對她的印象僅是臺灣的「農業之心」、「魚米之都」。若說這是外地人的「刻板印象」我想應也不爲過。

至於對古坑的「現身」與「見面」，這樣的體認，卻是我在雲林待了近兩年時間之後才開啓的一段緣分。於是，能夠參與《古坑產業與歷史》的寫作任務，可說是十分慶幸。〈產業達人篇〉的撰寫，其實是集結眾人之力共同合作完成的。

過程中，裕杰（最最主要的採訪夥伴）和我一同走訪了古坑，真實且直接地感觸到在地人的溫度與熱情。拜現今科技之賜，讓我們在網路上可以用相對快速和便捷的方式透過手指、憑著眼睛來「認識」眾人。但，這樣的認識不僅單向且流於浮面。千里始於足下，我們藉著搜尋而來的「片面資料」開始拜訪古坑，進行田調。每每遇到瓶頸時，我們總能幸運地獲得來自當地人的幫助，他們爲我們「指點迷津」告訴了我們方向、地點和人物。這種基於在地關係所建立起來的無形網絡，以人爲載體、地方為呈現的空間介面，往往能從中得到更為貼近現實的信息。於是從無到有，〈產業達人篇〉的輪廓漸漸明朗、清晰。從採集到整理，我們僅僅是將每位達人身上所流動的生命歷程轉化為文字，不過，我們仍深深冀盼這樣「跨界」的書寫方式，能為外界提供另一種可能的視角，進而從產業達人的視域來回顧與展望古坑的歷史和發展。

裕杰和我十足有幸地能得到產業達人和古坑鄉親的協助、幫忙。此外，在過程中間，各方面上的諸多事務我們亦仰賴了團隊師長和公所人員的一臂之力。對於我們的請求，總能適切地給予支援，基於這點，方使訪談任務朝著更為有利的方向推進。最後，請允許筆者利用這樣的機會，私心地向一位曾在團隊服務過的夥伴致謝。回首過去，筆者能夠為 2016 古坑竹夢營留下紀錄並參與其中，背後來自於她的奔走和幫忙亦是不少，特別於此書之。

國家圖書館出版品預行編目資料

古坑歷史與產業 / 王政中等著 ; 巫銘昌主編. -- 初版. -- 臺北市 : 五南, 2017.11
面 ; 公分
ISBN 978-957-11-9435-6(平裝)
1.歷史 2.產業 3.雲林縣古坑鄉
733.9/123.9/119.2 106017270

8U58

古坑歷史與產業

主 編 — 巫銘昌
作 者 — 王政中 王新衡 張美娟 陳裕杰 陳俊霖
發 行 人 — 楊榮川
總 經 理 — 楊士清
責任編輯 — 王俐文 金明芬
封面設計 — 黃聖文
出 版 者 — 五南圖書出版股份有限公司
地 址：106台北市大安區和平東路二段339號4樓
電 話：(02)2705-5066 傳 真：(02)2706-6100
網 址：http://www.wunan.com.tw
電子郵件：wunan@wunan.com.tw
劃撥帳號：01068953
戶 名：五南圖書出版股份有限公司
法律顧問 林勝安律師事務所 林勝安律師
出版日期 2017年11月初版一刷
定 價 新臺幣350元